PORTABILIDADE
NA
PREVIDÊNCIA
COMPLEMENTAR

WLADIMIR NOVAES MARTINEZ

Advogado especialista em Direito Previdenciário

PORTABILIDADE NA PREVIDÊNCIA COMPLEMENTAR

EDITORA LTr
SÃO PAULO

Dados Internacionais de Catalogação na Publicação (CIP)
(Câmara Brasileira do Livro, SP, Brasil)

Martinez, Wladimir Novaes, 1936 —
Portabilidade na previdência complementar / Wladimir Novaes Martinez. — Saõ Paulo : LTr, 2004.

ISBN 85-361-0517-8

1. Previdência complementar — Brasil I. Título.

03-7079 CDU-34:368.4 (81)

Índices para catálogo sistemático:

1. Brasil : Portabilidade : Previdência complementar : Direito previdenciário 34:368.4 (81)
2. Brasil : Previdência complementar : Portabilidade : Direito previdenciário 34:368.4 (81)

Produção Gráfica: **IRENE STUBBER PEINADO**
Editoração Eletrônica: **IMOS LASER**
Capa: **ROGÉRIO MANSINI**
Impressão: **BOOK**

(Cód. 2850.3)

LTr®

EDITORA LTDA.

Rua Apa, 165 — CEP 01201-904 — Fone (11) 3826-2788 — Fax (11) 3826-9180
São Paulo, SP — Brasil — www.ltr.com.br

Maio, 2004

ÍNDICE

GLOSSÁRIO DE SIGLAS

ABRAPP — Associação Brasileira das Entidades Fechadas de Previdência Privada

AFP — Administradora de Fundos de Pensão

ANAPAR — Associação Nacional dos Participantes de Fundos de Pensão

BD — (Plano de) Benefício Definido

BPD — Benefício Proporcional Diferido (*vesting*)

CD — (Plano de) Contribuição Definida

CDC — Código de Defesa do Consumidor (Lei n. 8.078/90)

CEPAL — Comissão Econômica Para a América Latina

CGPC — Conselho de Gestão da Previdência Complementar

CNPJ — Cadastro Nacional de Pessoa Jurídica, do MF

CNSP — Conselho Nacional de Seguros Privados

CPC — Conselho de Previdência Complementar

CPF — Cadastro de Pessoa Física, do MF

CUT — Central Única de Trabalhadores

DOU — Diário Oficial da União

EAPC — Entidade Aberta de Previdência Complementar

EC — Emenda Constitucional

EFPC — Entidade Fechada de Previdência Complementar

EPC — Entidade de Previdência Complementar

EUA — Estados Unidos da América

FAPI — Fundo de Aposentadoria e Programa Individual

FUNCEF — Fundação dos Economiários Federais

IMSS — Instituto Mexicano de Seguridad Social

INSS — Instituto Nacional do Seguro Social

ICSS	—	Instituto Cultural de Seguridade Social
LBPC	—	Lei Básica da Previdência Complementar (LC n. 109/01)
MPAS	—	Ministério da Previdência e Assistência Social
MPS	—	Ministério da Previdência Social
MF	—	Ministério da Fazenda
ONU	—	Organização das Nações Unidas
PASEP	—	Programa de Formação do Patrimônio do Servidor Público
PE	—	Poder Executivo
PEC	—	Proposta de Emenda Constitucional
PETROS	—	Fundação Petrobrás de Seguridade Social
PIS	—	Programa de Integração do Servidor
RGPS	—	Regime Geral de Previdência Social (Lei n. 8.213/91)
SINDAPP	—	Sindicato Nacional das Entidades Fechadas de Previdência Privada
SPC	—	Secretaria de Previdência Complementar
SUSEP	—	Superintendência Nacional de Seguros Privados

INTRODUÇÃO

Além da rígida regulamentação, do positivo monitoramento ministerial do segmento protetivo e das severas disposições repressivas, a maior novidade institucional e procedimental apresentada pela Lei Complementar n. 109/01 é a portabilidade. Por sua relevância, conseqüências prática e jurídica, não estranha que *ab initio* provoque dissídios doutrinários, inquietações corporativas e respeitável perplexidade entre os interessados sobre o seu papel e funcionamento futuro.

Com ligeira experiência nas EAPCs desde o Decreto n. 81.402/78 (Regulamento da Lei n. 6.435/77), compareceu disciplinada em três momentos normativos, nos arts. 14/15 da LBPC, em relação às entidades fechadas e referente às EAPCs, no art. 27, regulada administrativa e respectivamente pela Resolução CGPC n. 6/03 e Resoluções CNSP ns. 92/02 e 93/02. Recentemente, a Resolução CGPC n. 8/04. E no art. 68. No tocante ao FAPI fazia parte da Lei n. 9.477/97.

Certamente será objeto de reflexão dos estudiosos por algum tempo e talvez venha a ser reformulada em seus pontos básicos. Principalmente, o que diz respeito ao *quantum*.

Suscita problema formidável, a determinação do montante quando da retirada de capitais do plano de benefício definido, particularmente no tocante à cobertura das prestações não programadas, a ser perquirido e solucionado pelos administradores, matemáticos e especialistas, resultando, afinal, em convenção a ser doutrinariamente decantada pelos juristas.

Diante do vulto do segmento fechado e a amplitude da rotatividade, esta aproximação do tema enfoca com ênfase a portabilidade na relação jurídica das EFPCs.

Registra, pela oportunidade, questões polêmicas, abertas à discussão, como o direito dos participantes em risco iminente ou já aposentados, a recusa do cessionário, o conceito de direito acumulado, prazos exíguos, omissão em relação aos planos desequilibrados, ausência de normas sobre as associativas, dívidas dos participantes e outros itens mais trazidos à reflexão. Especialmente, o valor em relação a planos instituídos antes de 29.5.01.

Ensaio meramente expositivo da matéria, com raro viéis doutrinário, praticamente nenhuma jurisprudência, tão próximo do surgimento do instituto enfocado, visa despertar interesse entre os aplicadores da lei, intérpretes e titulares quanto aos seus inúmeros aspectos cotidianos. Não é estudo aprofundado, mas simples dissertação, presa dos seus enfoques legais e técnicos.

Wladimir Novaes Martinez

CAPÍTULO I

FONTES FORMAIS

Quem pretender estudar este instituto novo dispõe de algumas fontes legais, a contar da LC n. 109/01, devendo consultar até mesmo a Lei n. 6.435/77 e o Decreto n. 81.402/78, as regulamentações administrativas dos dois ministérios envolvidos (MPS/MF), isto é, as emanadas da SPC/CGPC e da SUSEP/CNSP.

11. Comandos Constitucionais

Dada sua natureza de instituto técnico e também em razão da novidade de sua implantação, a portabilidade não tem assento constitucional. O art. 202 da Constituição Federal, com seus seis incisos, não trata especificamente dessa possibilidade. No seu *caput*, apenas alude à lei complementar que regerá a proteção supletiva. Em virtude da especificidade do tema nem se deveria esperar qualquer dispositivo a respeito.

Todavia, a essência facultativa da modalidade securitária e o direito de trabalhar, que asseguram a rotatividade da mão-de-obra, assinalam o acolhimento da mobilidade dos recursos e tem como contrapeso a afetação do princípio previdenciário da solidariedade.

12. Lei Complementar n. 109/01

Sob esse título e com essa expressão, no Direito Previdenciário Complementar ela compareceu pela primeira vez no art. 14, II, da LC n. 109/01, quando diz: “portabilidade do direito acumulado pelo participante para outro plano”.

Nos §§ 1º/4º desse mesmo dispositivo, a LBPC observa os seus aspectos nucleares: a) condição pactuada de exequibilidade (§ 1º); b) período de carência (§ 2º); c) data da implantação do plano (§ 3º, I); d) modalidade do plano (§ 3º, II); e e) destino dos recursos (§ 4º).

Logo em seguida, no art. 15, cuida da sua natureza (inciso I) e da impossibilidade de o valor ser apropriado pelo titular (inciso II). O parágrafo único desse art. 15 define o que entende por direito acumulado.

No art. 27 é referida o que se poderia chamar de portabilidade aberta, distinguida do resgate (§ 1º) e a vedação de acesso (§ 2º, I) e transferência de recursos entre participantes (§ 2º, II).

Finalmente, regra a incidência de tributos, no art. 69, § 2º.

13. Lei n. 6.435/77

Em seu art. 21, tratando das entidades abertas, a Lei n. 6.435/77 previa preceitos mínimos que deveriam constar dos planos de benefícios: "existência ou não, nos planos dos benefícios, de valor de resgate das contribuições saldadas dos participantes e, em caso afirmativo, a norma de cálculo, quando estes se retirarem dos planos depois de cumpridas as condições previamente fixadas e antes da aquisição plena do direito aos benefícios" (inciso V).

Preceituava sobre as despesas administrativas no art. 32 e no art. 42, V, abordava as contribuições extraordinárias da entidade patrocinadora.

14. Decreto n. 81.402/78

O art. 29, V, do Decreto n. 81.402/78 praticamente reproduzia o art. 21, V, da Lei n. 6.435/77.

A partir dele, a possibilidade do instituto jurídico no segmento aberto, com muitas regulamentações administrativas.

15. Decreto n. 4.206/02

O Decreto n. 4.206/02, espécie de regulamento da LBPC, quando elencou as providências que dependiam de prévia e expressa autorização da SPC, dispôs no art. 7º, § 1º: "Excetuado o disposto no inciso II" (retirada de patrocinadora) "é vedada a transferência, a terceiros, de participantes, de assistidos e de reservas constituídas para garantia de benefícios de risco atuarial programado, de acordo com normas estabelecidas pelo órgão regulador e fiscalizador".

Com base no art. 33 da LBPC, por seu turno, o § 2º do mesmo artigo comina: "Para os assistidos de planos de benefícios na modalidade de contribuição definida, que mantiveram essa caraterística durante a fase de percepção de renda programada, o órgão fiscalizador poderá, em caráter excepcional, autorizar a transferência dos recursos garantidores dos benefícios para entidade de previdência complementar ou companhia seguradora autorizada a operar planos de previdência complementar, com o objetivo específico de contratar plano de renda vitalícia, observadas as normas aplicáveis".

E, por derradeiro, reza o § 3º: "As transferências a que se refere o inciso III" (de patrocínio, de grupo de participantes, de planos de benefícios e de reservas entre entidades fechadas) "serão autorizadas em situações específicas, pelo órgão fiscalizador, resguardado o direito acumulado dos participantes no plano de benefício em vigor na entidade de origem".

Ao arrolar as infrações possíveis, em seu art. 37, IX, cominou pena de suspensão para quem: "Deixar de incluir no plano de benefícios os institutos garantidos na Lei Complementar n. 109, de 2001, observada a forma regulamentada ou cercear a faculdade de seu exercício pelo participante".

No único registro em que ela parece textualmente, quando regrou a competência do Ministro de Estado da Previdência Social, ditou: "estabelecer normas complementares para os institutos da portabilidade e do benefício proporcional diferido garantidos aos participantes" (art. 42, II, *d*).

Finalmente, no Decreto n. 4.942/03 e Resolução CGPC 8/04.

16. Normas das fechadas

A Resolução CGPC n. 9/02, no segmento fechado, disciplinou a portabilidade. Foi substituída pela Resolução CGPC n. 6/03. Ambas desenvolveram o tema, mas espera-se ainda maior esmiuçamento por parte da SPC, particularmente da parte procedimental. Várias dúvidas permanecem e, no futuro, julga-se que sejam dirimidas. A rigor, percebe-se a hesitação do MPS na regulação da matéria e não estar conseguindo administrar a pressão dos diferentes lobbies, de um lado a pretensão dos participantes e do outro, o interesse das patrocinadoras de preservar os planos.

17. Normas das abertas

Tanto o CNSP como a SUSEP, no ano de 2002, no segmento específico e com as particularidades próprias, regulamentaram exaustivamente o assunto, convindo destacar as Resoluções CNSP ns. 92/02 e 93/02 e as Circulares SUSEP ns. 138/00, 101/99, 186/02, 210/02, 211/02, 212/02 e 213/02.

18. Opinião de especialistas

Uns poucos autores de livros sobre previdência complementar enfrentaram a portabilidade, muitos artigos foram publicados nas revistas especializadas e, da mesma forma, ocorreram manifestações em aulas, cursos, seminários e congressos. Contra ou a favor de modo geral e sobre os aspectos particulares de sua definição.

Adacir Reis traçou-lhe os principais indicativos ("Fundos de Pensão em debate", Brasília Editora, 2002, p. 25).

Arthur Bragança de Vasconcellos Weintraub abordou-a no "Previdência Privada" (Editora Juarez de Oliveira, SP, 2002, pp. 57/58).

Emílio Recamonde Capelo en passant, distinguiu-a do *vesting* ("Benefício Proporcional Diferido na Previdência Complementar", Editora MPAS, Brasília, 2000, p. 25).

Maria Lúcia Américo dos Reis/José Cassiano Borges também a estudaram em "Fundos de Pensão" (ADCOAS, Editora Esplanada, SP, 2002, p. 36).

Voltaire Marensi comentou rapidamente os arts. 14/15 da LPBC ("A Nova Lei da Previdência Complementar Comentada", Editora Síntese, Porto Alegre, 2001, pp. 24/26).

Augusto Tadeu Ferrari, Luiz Gushiken e Wanderley José de Freitas expuseram o tema ("Previdência Complementar", editado pela CUT, SP, 2001, pp. 122/123).

Flávio Martins Rodrigues, focado no art. 40 da Carta Magna, não a mencionou ("Fundos de Pensão de Servidores Públicos", Editora Renovar, Rio, 2002).

Manuel Soares Póvoas, embora sem usar a expressão portabilidade, referiu-se à transferência dos recursos de uma para outra EPC ("Previdência Privada", Tomo II, Fundação Escola Nacional de Seguros-Editora, Rio, 1991, p. 307).

João Paulo Rodrigues da Cunha forneceu-lhe conceito ("(In) aplicabilidade do Código de Defesa do Consumidor às Entidades Fechadas de Previdência Privada", *in* RPS n. 273/663, LTr Edit. SP).

19. Exegese jurisprudencial

Diante da novidade do instituto e da regulamentação em 2002/2003, pelo menos das entidades fechadas, não existem decisões sobre a portabilidade no Poder Judiciário.

Poderão ser localizadas decisões da Justiça do Trabalho, então tida como competente, a respeito do resgate.

Na área da proteção aberta, sim, tratando da transferência de recursos.

20. Direito comparado

Alguns países da América Latina, entre os quais o Chile e o Peru, depois a Argentina e a Colômbia, adotaram regimes privados cujos gestores (AFP) assemelham-se às EFPCs dos fundos de pensão brasileiros, admitindo, em cada caso, modalidade de portabilidade ou resgate entre elas. A experiência chilena não reclama o afastamento do empregador para que haja mudança da AFP e mobilidade dos capitais acumulados.

Naquele país andino, diz o art. 32 do seu Decreto-lei n. 3.500, de 4 novembro de 1980: "Todo afiliado podrá transferir el valor de sus quotas a outra Administradora de Fondos de Pensiones previo aviso dado a la que se encuentra cotizando y a su empleador, quando correspondiere, com treinta dias de anticipacionis, a lo menos, a la fecha em que deban enterar-se las cotizaciones el mês em que se dé el aviso. El traspaso de los valores que corespondam a cotizaciones adeudadas por el empleador y no pagadas a la fecha del traspaso a que se refiere el inciso anterior, se efectuará tan pronto éstas hayam sido percibidas por la Administradora de origen" (DO de 13.11.1980).

Hérnán Cheyre Valenzuela considera essa possibilidade como exemplo do papel eminentemente ativo que desempenham os filiados ao sistema chileno, assegurando que isso ofereceria "gran dinamismo al sistema". Ele acresce: "Estando en juego el nivel de la pensión al que puede aspirar el afiliado al momento de jubilar, éste tiene um incentivo natural para estar velando permanentemente por la forma en que se están administrando sus fondos" ("La Previsón en Chile Ayer y Hoy", Centro de Estudos Públicos, Santiago do Chile, 1991, 2ª ed., p. 177).

Everett T. Allen Jr. et alii assinalam que os americanos distinguem a portabilidade, que chamam de transferência, entre planos de um mesmo fundo de pensão e entre fundos distintos ("Planos de Aposentadoria", ICSS/ Consultor, SP, 1ª ed., p. 461).

CAPÍTULO II

CONCEITO E DEFINIÇÃO

A portabilidade é criação da LC n. 109/01, ainda sem larga experientação e, nessas condições, não possui precisa configuração. Na condição de instituto técnico em substanciação, torna difícil sua conceituação e, mais ainda, qualquer definição. Os vários autores que tentaram enfrentaram essas dificuldades, preferindo partir dos elementos constituintes básicos (presença de dois fundos, emissor e receptor, período de carência, desfazimento do vínculo empregatício, nível do montante, indisponibilidade do numerário, etc.).

Para o art. 12 da Proposta da ABRAPP ao decreto regulamentador, dizia ser: "Entende-se por instituto da portabilidade aquele que faculta ao participante ativo de um plano de benefícios, inclusive o que estiver investido no direito ao crédito diferido, observados os pressupostos legais e regulamentares, movimentar reservas de um plano de benefícios para outro, desde que mantida por entidade de previdência complementar ou sociedade seguradora autorizada a operar plano de previdência complementar, preservada a sua natureza previdenciária".

Ricardo Frischalck afirma que "a portabilidade deve chegar ao Brasil tendo incorporado algumas características fundamentais, como o tratamento equitativo entre os participantes que digam (*sic*) e que se desligam e o valor dos benefícios de aposentadoria não podem ser irrisórios; deve funcionar como incentivo à poupança em fundos previdenciários, evitando o direcionamento desses recursos para o consumo; o tratamento fiscal dos recursos potáveis uniforme no fundo de origem e no fundo de destino; valendo notar que o objetivo é a portabilidade de direitos, não meramente de valores".

Ele acresce: "Alguns fatores, no entretanto, dificultam a adoção da portabilidade, entre os quais, grande diversidade de planos, a existência de planos deficitários, o fato de existirem muitos métodos de capitalização aceitos e a falta de entidades receptoras" ("Ferramentas Modernas", *in* Rev. ABRAPP, n. 264, de out./nov. de 2000, SP, p. 61).

João Paulo Rodrigues da Cunha, insistindo no "direito acumulado", diz que é "instituto que possibilita ao participante de um fundo de pensão a transferência do seu direito acumulado para o plano de benefícios de outra entidade, quando se verificar a cessação do vínculo com o patrocinador ou o instituidor" (ob. cit., LTr Edit. SP).

21. Descrição sucinta

Procedimento técnico, ela é distinta do resgate ou do *vesting*, e não se confunde com qualquer tipo de complementação continuada, antecipada ou não, assumindo caráter econômico-financeiro, criada para facilitar a rotatividade da mão-de-obra, de um empregador para outro ou apenas se desligar do provedor e do seu fundo de pensão, pela qual importâncias originais acrescidas durante a relação jurídica de contribuição, sem dispor de acesso pessoal a elas, depois de algum tempo mínimo aportando, com destino legalmente definido, sejam encaminhadas juridicamente de uma para outra entidade previdenciária complementar.

22. Concepção administrativa

A LBPC e o seu regulamento, o Decreto n. 4.206/02, não tentaram defini-la.

Para o art. 2º, I, da Resolução CGPC n. 9/02, era o "instituto que faculta ao participante, nos termos da lei, portar os recursos financeiros correspondentes ao seu direito acumulado para outro plano de benefício operado por entidade de previdência complementar ou sociedade seguradora autorizada a operar planos de benefícios de previdência complementar".

Já para a Resolução CGPC n. 6/03, é "o instituto que faculta ao participante transferir os recursos financeiros correspondentes ao seu direito acumulado para outro plano de benefícios de caráter previdenciário operado por entidade de previdência complementar ou sociedade seguradora autorizada a operar o referido plano" (art. 9º).

Corretamente a descrição administrativa atribui à portabilidade a essência de instituto, corporificando-o, entendido simultaneamente como modalidade técnica e expressão jurídica. Ressalta, também, a facultatividade de sua adoção, asseverando que a transferência dos recursos não é obrigatória e, nesse caso, o participante poderá escolher por outros institutos (*v.g.*, resgate, *vesting*, autopatrocínio, etc.), e até nada decidir. Insiste na expressão equivocada "direito acumulado".

Distingue as cessionárias, que podem ser EFPC, EAPC, sociedades seguradoras ou associativas. Silencia quanto a estas últimas entidades. Padece da insuficiência de não alertar a indisponibilidade dos recursos quando da transferência e não deixar claro que "o outro plano" é o plano de outra entidade, uma vez que o instituto é inconfundível com a migração.

23. Adacir Reis

Ao mesmo tempo que a descreve, *Adacir Reis* sintetiza suas idéias, afirmando que a portabilidade é o "instituto que permite ao participante portar ou transferir os recursos previdenciários de um plano para outro" (Ob.cit., p. 22).

Provavelmente, usando as expressões "portar" e "transferir" como sinônimas, assevera tratar de direito subjetivo, como esclarece adiante, do participante que rompeu o vínculo empregatício com o empregador e pretende continuar no sistema.

24. Arthur Weintraub

Para *Arthur Bragança de Vasconcellos Weintraub,* "caracteriza-se a portabilidade pela possibilidade de transferência de valores existentes em nome do participante, de um plano para outro, no caso de perda do vínculo empregatício, ou seja, os valores acumulados (a Lei utiliza o termo 'direito acumulado') em um plano específico de uma entidade de Previdência privada, no nome do participante, podem ser transferidos para outro plano de outra entidade, desde que haja a cessação do vínculo empregatício do participante com o patrocinador" (Ob.cit., p. 57).

Não o ignorando, desconsiderou relevante para a definição, o cumprimento do período de carência. Pressupôs, da mesma forma, valores realizados no ensejo, suscitando-se debate sobre aqueles ainda não integralizados, seja por motivos da patrocinadora ou em virtude de razões do participante.

Preferiu aludir a possibilidade, lembrando que a efetividade depende da realização dos pressupostos legais.

Após contribuir por certo período mínimo, a portabilidade é direito subjetivo do participante que se desligou da patrocinadora, continuadamente nunca resgatou seus aportes pessoais, e expressou formalmente o desejo de transferir o capital acumulado da entidade originária para outra.

Sua menção da titularidade ("em nome do participante") conduz à idéia de propriedade, conta pessoal, poupança e até mesmo da nu-propriedade.

Ele presumiu a indisponibilidade dos bens.

25. Reis/Borges

Maria Lúcia Américo dos Reis e *José Cassino Borges*, que a definem como o "instituto que assegura ao participante, quando da cessação do vínculo empregatício com o patrocinador, a opção de transferir (portar) para outra entidade fechada ou aberta de previdência complementar o maior valor entre as provisões constituídas pelas contribuições do participante, a provisão matemática", lembram que descabe empreendê-la em relação a planos em extinção (Ob.cit., p. 36).

Dos estudiosos ora coletaneados, os dois são os únicos a lembrarem dos planos em extinção, sustentando que eles não permitiriam a portabilidade. A lei, até por esquecimento da possibilidade e pela natural generalidade, é muda a respeito. Não a vedando expressamente, estranha o impedimento da realização da hipótese e ela, aliás, parece ser própria dessas situações. Os planos em extinção, na prática, costumam ser "abandonados" e a portabilidade pode ser a solução para alguém deixá-los claro para planos de outras instituições.

26. Emílio Recamonde

Emílio Recamonde Capelo diz que significa a "opção dada ao empregado, que descontinua uma relação de emprego, de transferir para um outro plano de pensão todos os recursos existentes em seu nome, decorrentes de suas próprias contribuições e das contribuições de seu empregador, estas vestidas ou não, para prosseguir, sem interrupção, sua trajetória principal nesse novo plano, até mesmo para a contagem do tempo de serviço reconhecido para obtenção do *status* de *full vesting* (Ob. cit., p. 25).

A definição apresenta a novidade em relação as demais, sua preocupação com o futuro do capital deslocado, prestando-se para os benefícios usuais e entre eles, o *vesting,* tema principal de seu ensaio.

27. Voltaire Marensi

Voltaire Marensi a concebe como "a possibilidade de um participante sair do plano subscrito e ingressar noutro, quer em razão da cessação do contrato de trabalho, quer em virtude de situações casuísticas, devidamente disciplinadas em estatuto autônomo, tal qual reproduz o texto da norma sob comento" (Ob. cit., p. 2).

Não ficaram claras quais seriam essas "situações casuísticas"; à exceção da rescisão contratual não há como levantar as contribuições que possam ser transportadas para outro plano. Sem deixar a patrocinadora, se o participante abandona a EFPC só lhe resta o resgate ou o *vesting.* Exceto se ele estiver se referindo, no caso das associativas, ao afastamento da instituidora.

Na verdade, sair de um plano e entrar noutro é capacidade de transferir; o ensejo implica nesse deslocamento e na condução dos recursos financeiros.

28. Ferrari/Gushiken/Freitas

No dizer de *Augusto Tadeu Ferrari, Luis Gushiken* e *Wanderley José de Freitas,* é a "situação na qual, para o participante que tiver seu vínculo empregatício com a patrocinadora cessado e ainda desvincular-se do plano, é assegurada a prerrogativa de transferir o seu direito acumulado para outro plano de previdência complementar, seja ele organizado por entidade fechada ou aberta" (Ob.cit., p. 123).

A referência as duas condições de afastamento (da patrocinadora e da entidade), lembra a hipótese do participante deixar de ser empregado e elevar-se a condição de empresário da mesma empresa ou manter-se como autônomo e a ela continuar prestando serviços, e pretender portar os recursos para outra entidade.

Quando o legislador fala em desfazimento do vínculo empregatício é no sentido de distanciamento da corporação, abarcando todas as situações. Não corresponde ao ideal filosófico da proteção supletiva, sem haver razões substanciais para isso, abandonar a EFPC e depositar o seu futuro em mãos de terceiros.

29. Conceito doutrinário

Portabilidade é instituto técnico e jurídico de previdência complementar. Apresenta caraterísticas próprias que a distinguem de outros instrumentos operacionais do segmento protetivo, permitindo conceituação genérica. Suscita noção econômico-financeira quantificada monetariamente, presença da escolha jurídica, pessoalidade, função social, e impõe condições legais e convencionais. Assim, pode ser conceituada como o meio técnico de transferência do capital acumulado pelo titular durante certo tempo mínimo, entre dois fundos de pensão, denominados cedente e cessionário, por ocasião do seu afastamento do primeiro provedor.

Para o site da CATHO *on line* "é o direito que o participante tem de transferir seu capital para outra instituição de previdência privada, sem nenhum custo adicional, durante o período de acumulação. Não é possível transferir os recursos no período de recebimento de benefícios, porque nesta etapa o dinheiro já é da empresa administradora, ficando o participante apenas com o direito de receber a renda" ("Portabilidade", pág. de 13.08.03).

Para o site da PETROS é um direito que o participante tem, ao rescindir o contrato de trabalho com a patrocinadora, de transferir para outro plano de benefícios de entidade fechada ou aberta os recursos referentes ao seu direito acumulado no plano de origem até aquela data (*in* "O que é portabilidade?", *in* página da internet).

30. Definição técnica

Portabilidade é direito subjetivo do participante de, após certo período mínimo de contribuição e desfeito seu vínculo total com o empregador ou instituidor, por vontade própria, ter o montante de sua contribuição, incluído o da provedora, se for o caso, atual e a apurar mais os frutos dos investimentos, eventualmente deduzidas as despesas operacionais, serem transferidos de uma para outra entidade complementar sem acesso imediato ao numerário correspondente.

Falando em participante, à evidência incluído o formalmente ex-participante, pois é condição mínima que esteja se afastando da entidade. Não há referência à posição de ativo ou inativo, em risco iminente, nem mesmo de pensionista, por não fazer parte do conceito.

O tempo mínimo é simples exigência da lei e faz parte da definição, mas não do conceito, porque se a idéia do período de carência foi urdida para defender os planos, eles poucos seriam afetados por participante há pouco tempo neles.

A relação é *intuitu personae*, só o segurado a exerce, mas claro permitida a opção por meio de procuração.

Dar-se-á, num caso extremo, no plano deficitário, não haver frutos acrescidos ao patrimônio do titular. E, eventualmente, incluindo resíduos apurados *a posteriori*.

O acesso imediato ao *quantum* é vedado, mas na entidade cessionária, depois de algum tempo, na continuidade da relação jurídica, ele poderá ser transformado em benefício complementar, *vesting,* alguma forma de resgate, etc.

CAPÍTULO III

SUJEITOS DA RELAÇÃO

O procedimento formal da portabilidade envolve uma pessoa física, o participante (se se preferir, o ex-participante) e duas pessoas jurídicas, a entidade que transfere o capital acumulado e a que o recebe no seu plano. Designadas, estas últimas, respectivamente, como cedente e cessionária. Nessa relação, não incluídos os respectivos empregadores nem os instituidores das entidades (no caso das associativas).

A entidade receptora pode ser fechada ou aberta, também a associativa e, quando da regulamentação dos fundos de pensão dos servidores públicos aludidos na EC. 41/03, incluindo as EFPCs de tais segurados.

31. Cedente fechada

Desfeito o vínculo empregatício do empregado com o empregador patrocinador do fundo de pensão, desejando o trabalhador permanecer no sistema privado, vindo a tornar-se empregado de outro patrocinador e inscrevendo-se na entidade criada por este novo empregador, designável como cedente — a primeira EFPC tomará as providências necessárias correspondentes à efetivação da portabilidade, o mesmo se passando com a segunda EFPC.

Debaixo das regras da então Lei n. 6.435/77 e do Decreto n. 81.402/78, já aconteciam e acontecem transferências de recursos no segmento aberto. Agora, sobrevêm mobilizações de quantias financeiras no segmento fechado.

Com os valores pecuniários deixando o patrimônio do plano de benefícios da entidade emissora e deflagrando o transporte por iniciativa do participante, a cedente impulsiona o procedimento formal e elabora os documentos próprios à movimentação do capital, enquanto as formalidades da recepção ficam por conta da entidade cessionária.

À evidência, trata-se da entidade de previdência complementar prevista na LC n. 109/01, em condições normais de operacionalidade. Abarca também as submetidas à fiscalização do INSS (LBPC, art. 41), aquelas gerenciadas pelo administrador especial (art. 42) e, da mesma forma, as sob intervenção da SPC (LBPC, arts. 44/46). No caso das abertas, incluindo-se aquelas administradas por diretor fiscal (LBPC art. 43). A rigor, até mesmo as em liquidação extrajudicial, quando for possível apurar-se e apreender-se o *quantum* disponível do participante.

Numa EFPC com muitos filiados, pressupondo-se rotina capaz de levantar rapidamente os meios financeiros líquidos, a exemplo do que sucede com os desembolsos habituais com as prestações continuadas.

32. Cessionária fechada

Entende-se por cessionária a EFPC que abriga o trabalhador no seu plano, provindo de outro, usualmente um empregado da nova patrocinadora. A condição para que isso aconteça é que a pessoa preencha os requisitos de admissão nesse novo plano e esteja formalmente inscrita.

Pode suceder de as providências serem imediatas ao ingresso, em ato contínuo, ou sobrevirem depois de algum tempo de permanência na entidade. O ideal, para os dois últimos envolvidos na relação, participante e entidade, é que aconteçam quando da admissão na patrocinadora.

Nessa ocasião, considerar-se aporte inicial exigido, que será menor ou maior que o valor da portabilidade, impondo-se os ajustes necessários. Na primeira hipótese, o segurado deverá implementar as contribuições extraordinárias imprescindíveis até que atendida a condição; na segunda, com redução das cotizações futuras ou nova dimensão do benefício.

Dependendo das circunstâncias isso poderá acontecer com alguém que já sofreu esse processo de ajuste na primeira entidade e, à evidência, subordinar-se-á ao tempo de serviço do ingressando e dos seus salários.

33. Receptor da aberta

Considera-se receptora a EAPC destinatária dos recursos provenientes de outra entidade aberta, até mesmo de fechada e, ainda, da associativa. Quando regulamentada a matéria, das EFPCs dos servidores públicos.

Exceto as incompatíveis com o cenário, valem as observações feitas em relação ao *status* das cessionárias fechadas. Convindo lembrar e destacar a limitação do destino específico dos recursos (art. 14, § 4º).

34. Fundo público

Antes de ser criada a portabilidade, no segmento público, dentro do âmbito do RGPS (Lei n. 3.841/60), havia modalidade assemelhada conhecida como contagem recíproca de tempo de serviço (Lei n. 6.226/75) e o acerto de contas entre o INSS e os quatro entes políticos: União, Estados, Distrito Federal e Municípios (Lei n. 9.676/99).

Fundamentalmente, as contribuições vertidas a um dos regimes protetivos eram e são transferidos para outro, em benefício do segurado que migrou do primeiro para o segundo regime jurídico laboral.

Com as EFPCs, da EC n. 41/03, quando os servidores deixarem um órgão público, abandonando o seu fundo de pensão, e passarem a prestar serviços em outro órgão público, ingressando no fundo de pensão correspondente, dar-se-á a portabilidade entre ambos.

Mas, dependendo da regulamentação futura, os recursos também poderão sobrevir em relação às entidades abertas ou fechadas.

35. Participante ativo

O principal destinatário da portabilidade é o ex-empregado da patrocinadora, que se afasta de sua EFPC, e contrata laboralmente com outra empresa, ali se filiando à nova entidade, ou ingressando numa EAPC. Este é o comum dos casos, do contribuinte ativo sem direito a benefício (e até mesmo aquele que se encontra em risco iminente, isto é, com direito adquirido à complementação) ainda sem ter requerido a complementação. Não importa se o fundo de pensão cedente é de plano comum ou multiplano (LPBC, art. 34, I, *a/b*) singular ou multipatrocinado (art. 34, II, *a/b*). Nem que adota plano BD, CD ou híbrido.

Participante é a pessoa segurada, ou seja, o protegido pelo sistema supletivo que tenha aderido ao plano de benefícios da EPC e ali seja recebido. No caso da EFPC, empregado ou outro prestador de serviços à empresa (art. 31). Quando se tratar de instituição de classe, o associado; se sindicato, o filiado.

Tal pessoa física não pode ser confundida com a pessoa jurídica que patrocina, ainda que esta última "participe" do empreendimento.

Em se tratando de servidor público estatutário não há necessidade de estar efetivado, bastando a posse e o início do exercício laboral.

Tanto quanto o segurado do RGPS, como se verá, o participante: a) não tem; b) adquire; c) mantém; d) perde; e e) readquire a qualidade de contribuinte. O mesmo vale para os seus dependentes.

O legislador não lhe atribui título específico, mas usualmente quando o participante se retira da patrocinadora sem se afastar da EFPC, continuando a aportar (e em dobro), é chamado de vinculado.

Somente a pessoa física tem autorização para ser participante ou beneficiária. A jurídica não é destinatária de norma de cobertura de previdência complementar. Por ser tratar de pessoa humana, o indivíduo terá de ter capacidade física, civil, econômica e previdenciária; quem ingressa inapto para o trabalho não faz jus à complementação de benefício por incapacidade. O mesmo se passando com aquele que foi aprovado no exame admissional da patrocinadora, mas adquire incapacidade para o trabalho antes de admissão na entidade. Só o maior civilmente tem permissão legal para exercer atividade. Ninguém será empregado ou autônomo sem idade mínima. Para ser segurado é preciso que possua, no mínimo, 16 anos.

Aposentado percipiente de benefício do próprio plano ou de outro, será admitido apenas para fruir benefício de pagamento único (pecúlio), sendo inadmissível a cumulação de prestações de caráter substitutivo dos salários.

A condição jurídica de participante é assumida quando aprovada sua inscrição e constatado que se inclui no universo dos arts. 16, §§ 1º/3º e 31 da LBPC. Todavia, a data do início da relação, sancionada com atraso, retroagirá ao momento do protocolo do pedido de admissão.

36. Titular de vesting

Quem se afastou da patrocinadora e do seu fundo de pensão e não resgatou suas contribuições, poderá beneficiar-se do benefício proporcional diferido. Isso é o *vesting*. A lei não faz menção da hipótese desse participante mudar de idéia e transferir os recursos correspondentes anteriormente amealhados, abandonando a idéia de deixar para receber o benefício proporcional no primeiro fundo de pensão, mediante a portabilidade.

Sua definição legal é colhida no art. 2º da Resolução CGPC n. 6/03: "o instituto que faculta ao participante, em razão da cessação do vínculo empregatício com o patrocinador ou associativo com o instituidor antes da aquisição do direito ao benefício pleno, optar por receber, em tempo futuro, o benefício decorrente dessa opção".

O Regulamento Básico da EFPC que disciplinou o *vesting*, até mesmo o que adota o regime de repartição simples e benefício definido, poderá dispor sobre essa possibilidade sem ofender a LBPC.

Eventual impedimento a tal ação deveria ser disposição legal expressa, que não existe. Faz jus ao *vesting* quem tem capital acumulado em um fundo de pensão, logo poderá, a qualquer momento, transferir o montante, desfazendo a relação preestabelecida com aquele benefício proporcional.

Diz o parágrafo único do art. 3º da Resolução CGC n. 6/03 que a opção do participante pelo benefício proporcional diferido ou pela manutenção da sua contribuição e a do patrocinador não impede o posterior exercício da portabilidade e dos demais institutos previstos na lei.

37. Segurado resgatante

A Resolução CGPC n. 6/03 fornece o conceito legal de resgate: "O instituto que faculta ao participante o recebimento de valor decorrente do seu desligamento do plano de benefícios".

Quem resgata sua reserva de poupança, afasta-se do fundo de pensão e, por determinação legal, perde a pretensão de usufruir as vantagens pecuniárias diferidas referentes às contribuições da patrocinadora e, estas, não pode portá-las para outro fundo de pensão.

Entretanto, como proprietário do *quantum* resgatado, que resta à sua disposição, nada impede que ele o encaminhe para nova entidade, que recepcionará a soma correspondente como aporte inicial.

Se defensável a idéia da retratabilidade em relação à portabilidade, também será preciso defender o arrependimento do titular que recompuser o *status quo ante*, devolvendo o resgatado, ele poderia pretender o *vesting*. Ou, então, manter-se vinculado e, posteriormente, a portabilidade. Matéria, à evidência, dependente da convenção regulamentar.

38. Pessoa vinculada

Chama-se de vinculado ao participante que adota o próprio patrocínio. Ele mantém relação jurídica com o fundo de pensão, possivelmente porque se afastou da patrocinadora.

Como a LC n. 109/01 silenciou a respeito, preferindo a omissão, a qualquer momento ele poderá promover a portabilidade. Eventual obstáculo, a ser discutido, seria o prazo de opção, que não é legal.

Possivelmente ele não poderia ser acolhido como vinculado no fundo receptor e apenas como participante comum.

O art. 27 da Resolução CGPC n. 6/03 indica um conceito básico: faculdade de o participante manter o valor de sua contribuição e a do patrocinador, no caso de perda parcial ou total da remuneração recebida, para assegurar a percepção dos benefícios nos níveis correspondentes àquela remuneração ou em outros definidos em normas regulamentares".

39. Afastado da entidade

A idéia contida na portabilidade é de propiciar liberdade ao participante que desfaz o vínculo empregatício com a patrocinadora (e até com a instituidora).

Idealmente, na condição de empregado, embora possa fazê-lo, não condiz com esse cenário, ele não pertencer ao fundo de pensão (optando por entidade aberta) ou se afastar da EFPC, mantendo-se como vinculado à patrocinadora e conduza os recursos para entidade aberta.

Estará na área cinzenta da liberdade assegurada pela previdência complementar e possivelmente encontrará resistências éticas ou normativas para tentar a portabilidade.

40. Aposentado e pensionista

Tanto na Resolução CGPC ns. 9/02 e 6/03 (art. 14), quanto nas Resoluções CNSP ns. 92/02 (art. 5º) e 93/02 (art. 5º), constatam-se objeções administrativas à portabilidade em relação àqueles titulares que estejam em gozo dos benefícios.

Pela sua enorme importância, trata-se de impedimento que consta da lei (e dela efetivamente não faz parte) ou não existe, extrapolando os órgãos supervisores do MPS ao impedi-la. As razões freqüentemente apresentadas pela doutrina são válidas, mas nem sempre se sustentam.

A providência tem solução institucional, contábil, matemática e jurídica, bastando aos profissionais adequarem os planos para que isso aconteça. Tecnicamente, quase não há diferença entre portar valores de ativos quanto de inativos, o que deve mudar são os critérios para que o exercício da transferência ocorra e nada mais. Pode dar-se de o participante perder um pouco com essa transferência, mas noutros casos representará maior confiança na instituição.

A idéia ofende o mutualismo que caracteriza o período de pagamento o benefício e desequilibra o plano se o matemático não o preparou para isso. Mas, verdadeiramente, só terá sentido se a situação do complementado melhorar e nessas mudanças ele freqüentemente perde.

CAPÍTULO IV

DETERMINAÇÃO DO MONTANTE

Abrindo a disciplina da matéria, diz o art. 14, II, da LBPC, que o numerário transferido por meio da portabilidade é o "direito" (leia-se patrimônio) "acumulado", lembrando o seu § 3º, II, que a regulamentação sopesará "a modalidade do plano de benefícios", entendendo-se o regime financeiro (capitalização ou repartição simples) e o tipo de plano (benefício definido, contribuição definida ou híbrido). Bem como a data da instalação.

Esclarece, ainda claramente, o art. 15 que o "direito acumulado" é o maior de dois totais: a) a reserva constituída (contribuições pagas mais os seus frutos), conhecida como reserva de poupança ou b) a reserva matemática (custo do benefício).

Esses dois valores, no Regulamento Básico, têm de ser definidos *a priori* e quantificados com cuidado antes de constar do Termo de Portabilidade, convindo arrolá-los em separado. À vista do art. 202, § 1º, da Carta Magna (cuida da transparência do sistema), eles deveriam fazer parte do extrato a ser fornecido ao participante. Permitindo-se, *ab initio*, discussão sobre o nível do montante portável. Caso não subsista concordância entre as partes, de pronto a EPC encaminharia o que entende devido, prosseguindo-se o dissídio em relação à fração controversa, para posterior decisão.

Portabilidade é conceito tecnicamente complexo, com expressão matemática definível, função atuarial importante e nível econômico e financeiro de realce. Não se pode imaginá-la como instituto padrão, universalmente válido para todas as entidades e modalidades de planos. É infrutífero adotá-la didaticamente, sem consideração pela variedade e particularidade de cada entidade complementar. *Ad argumentandum*, sopesem-se dois extremos: plano não contributório (inexiste reserva de poupança) e plano sem patrocinador (só existe contribuição individual do participante).

A rigor são concebidas duas modalidades de portabilidade, fechada (arts. 14/15) e aberta (art. 27), aliás, regulamentadas em particular.

Até mesmo uma terceira, associativa (entidade que não visa lucro). Nestes últimos segmentos melhor se postam a natureza de poupança e de aplicação financeira que caracterizam os seus produtos.

Importa destacar os planos BD e CD e, ainda, as prestações programadas ou de risco, merecendo regulamentação segmentada, em cada esfera de atuação. Sem falar nos planos híbridos.

À evidência, a portabilidade encontra nicho ideal no plano CD e nas prestações programadas, em que mais baixos os níveis de solidariedade do mutualismo jacente. Enfrentando dificuldades operacionais de adequação no plano BD e nas prestações imprevisíveis. Mas, em ambos, não impossibilidade de aplicação.

Vale, sobretudo, ressaltar o nível de sinistralidade das patrocinadoras, obrigando a periódica revisão do plano, se ela aumenta ou diminui. No caso do BD com regime de repartição simples, acrescerão os cuidados do matemático e a sistematização contábil na hora de definir a quantia, podendo ocorrer de o valor restar bem menor do que as reservas constituídas, nos casos de altíssima sinistralidade.

Rigorosamente falando-se, existiriam entidades, planos e circunstâncias particulares que tornarão impossível determinar o valor equânime a ser migrado, porque muitas premissas dependem do futuro do plano.

Elastecendo a delegação contida no art. 14, § 3º, da LC n. 109/01, o CGPC entendeu de poder restringir o valor da portabilidade, claramente disposto no parágrafo único do seu art. 15. Ora, segundo a LBPC n. 109/01, esse montante, em todos os casos, só pode ser o maior de dois cálculos: a) reserva de poupança (mais ou menos a quantia do resgate) ou b) reserva matemática e sem ser confundido com o resgate. O art. 15, I, da Resolução CGPC n. 6/03 vai de encontro a essa leitura e será discutido no Poder Judiciário. Não se trata, é bom ver, de respeito ao ato jurídico perfeito, tentando observar a regra vigente no Regulamento Básico, quando das mensalidades realizadas. Naturalmente, a portabilidade extrair os seus feitos futuros de fatos passados (que não são, por isso, afetados).

A definição do *quantum* e da vigência da portabilidade produziram confrontos de opiniões. De um lado, defensores intransigentes do equilíbrio dos planos (*sic*) pretendendo oferecer garantias extras com a diminuição do valor e, de outro, aqueles que defendem o interesse dos participantes. A ANAPAR fixa postulado básico "não considerar correto calcular a reserva matemática para a portabilidade de maneira diferente que a calculada para o exercício dos demais direitos do plano. Reserva matemática é o compromisso do plano para com seu participante. E, ponto, sem adjetivos" ("É hora de decisão: qual o valor a ser portado?", *in* ANAPAR, site *http://www.anapar.*com.br/boletins/boletim_94.htm, de 18.7.03)

O nível de valor é fundamental. "Sem a definição do cálculo da portabilidade, esse direito continua não existindo. Não é possível exercer a portabilidade sem saber que valor será portado do fundo", diz *Devanir da Silva*, Superintendente da ABRAPP ("Fundos querem fragmentar pagamento da portabilidade", artigo de Fabiana Futema, *in* Folha *on line*, de 14.11.02).

41. Regras vigentes

No seu art. 14, II, a LC n. 109/01 alude ao "direito acumulado". Por outro lado, no art. 15, parágrafo único, ela diz corresponder " às reservas constituídas pelo participante ou à reserva matemática, o que for mais favorável".

A locução "direito acumulado" não é feliz. Provavelmente o legislador quis dizer parcelas acumuladas. Ao longo do tempo, o participante reúne recursos financeiros, acresce mensalmente os aportes pecuniários, adiciona contribuições de outra ordem, urdindo certo patrimônio pessoal no curso da vida profissional, com desembolsos normais e extraordinários (LBPC, art. 19, parágrafo único, I/II).

Leonardo Raupp Bocorny e *Cláudio Santos* lembram a aludida impropriedade semântica: "Quanto ao direito acumulado, há que se destacar a ausência de rigor da expressão utilizada pelo legislador. O direito acumulado poderia ser, a princípio, entendido de 2 (duas) formas: a) o rol de direitos e obrigações previamente contratados, e b) a proporção temporal entre o que já foi pago e o que restará a ser integralizado pelo participante, com referência à data de alteração do plano" ("Previdência Complementar e Insegurança Jurídica: o Caos Normativo", *in* Jornal do 1º Congresso Brasileiro de Previdência Complementar", LTr, SP, 2001, p. 26/27).

Acumulação de capitais que totalizará não só as mensalidades do titular mais as da patrocinadora (quando for o caso), e também os frutos das aplicações financeiras e econômicas.

Registre-se, para a efeito de interpretação que, quando rege o resgate (art. 14, inciso III), o legislador permite a dedução do valor correspondente ao custo administrativo e aqui silencia. Se ocorreu o desconto anterior e o que define o capital acumulado é a reserva matemática, não há dedução na portabilidade.

No inciso II, o art. 2º da Resolução CGPC n. 9/02 volta a enunciar esse "direito acumulado", explicando ser a reserva constituída (definida no inciso III) ou a reserva matemática (objeto do inciso IV). A Resolução CGPC n. 6/03, por seu turno, o retrata na Seção III — *Do Direito Acumulado para Fins de Portabilidade* (art. 15).

Os arts. 14/15 e 27, da LC n. 109/01 parecem conflitar com o *caput* do seu art. 19, dando a falsa impressão que as contribuições só se destinariam às prestações. Efetivamente, a portabilidade não quebra esse raciocínio, apenas muda de um para outro, o devedor da obrigação de pagá-las.

Por analogia, devem ser consultadas também as Res. CNSP ns. 92/02 (arts. 5º/10 do Anexo VI) e 93/02 (arts. 5º/11), que disciplinam a portabilidade originária das entidades abertas. E as Circulares da SUSEP.

Diz o art. 6º, parágrafo único, da Resolução CGPC n. 13/02, que rege o *vesting*: "Na hipótese de portabilidade na forma prevista no *caput*, os recursos financeiros correspondentes ao direito acumulado a serem portados para o plano receptor serão equivalentes àqueles apurados para o BPD, na data de sua opção, atualizadas na forma prevista no regulamento do plano originário, deduzidas as despesas administrativas no período".

A Resolução CGPC n. 6/03, depois de especificar vários cálculos da portabilidade em função de inúmeros desenhos de planos, ainda garante que "O regulamento do plano de benefícios poderá prever outros critérios para apuração do direito acumulado pelo participante que resultam em valor superior ao previsto neste artigo, sempre respeitando as especificidades do plano de benefícios" (art. 15, § 4º).

42. Nível do capital

Afinal, apurado o *quantum* a ser transferido, ele deve ser consignado no Termo de Portabilidade, documento mediante o qual é formalizado o transporte fiduciário do montante. Se não parece sediar grandes dúvidas no plano de contribuição definida, especialmente no que diz respeito às contribuições pagas pelo participante — o que lhe foi descontado pelo empregador mais o rendimento de aplicações e menos as despesas operacionais —, as coisas não são tão simples, caso o plano seja de benefício definido, não só do ente cedente quanto do cessionário. A par das dificuldades financeiras de apuração da fração que até então for responsável pela cobertura dos riscos imprevisíveis.

A definição do total nem sempre será fácil. Propõem-se, por ora, três questões práticas paralelas: a) se o empregador não descontou as contribuições devidas; b) caso descontou, se não as encaminhou ao fundo de pensão; c) mais tarde, após a transferência, o titular do direito perceber que fazia jus à quantia superior, seja pela opção entre as contribuições constituídas e a reserva matemática, ou por outro motivo.

a) Falta de retenção

Onerado por força do acordado no Regulamento Básico a promover a dedução da contribuição do trabalhador, restando presumida essa retenção, se os valores não foram aportados pela patrocinadora, em parte ou no todo, o crédito virtual do participante se mantém, devendo constar do Termo de Portabilidade o valor devido, devendo mencionar aquele crédito a ser realizado *a posteriori*. Entre a patrocinadora e a entidade,

Numa outra solução, sem a presunção do desconto fazer parte do Regulamento Básico, o efetivamente recolhido seria transportado, constando do documento o faltante, até que a pendência seja resolvida. Com isso, defende-se a tese de haver implementação da portabilidade.

b) Inadimplência da patrocinadora

Diante da dedução e do não recolhimento, isto é, em face do atraso das contribuições descontadas, a situação tem semelhança com a anterior, justificando as mesmas medidas.

c) Definição de crédito maior

Em muitos casos sobrevirão divergências quanto ao montante da portabilidade por variados motivos. *In casu*, descobrindo o titular do direito que faz jus a quantias superiores ao transportado, encaminhará pedido ou recurso, enfim discussão administrativa ou judicial, para que seja providenciada a complementação do montante.

Modelarmente, essa diferença pode ser significativa. São dois conceitos técnicos complexos, que variam conforme cada Regulamento Básico, tipo de plano, regime financeiro e consoante os inúmeros casos e, ainda, de acordo com o ponto de vista do atuário assistente.

Baseados nas aulas de *Newton Cézar Conde*, fundamentalmente, pode ser explicitados com exemplo bem particularizado. Idealize-se fundo de pensão fechado com plano de benefício definido e apenas dois participantes, que a contribuição da patrocinadora seja exatamente igual a desses dois empregados e se pense em um benefício de pagamento único (ou se conceba capital para custear prestação continuada final R$ 1.000,00 e R$ 200,00).

O segurado "A" gerará 10 mensalidades de R$ 100,00 para, ao final da operação, reunir R$ 1.000,00, idéia bastante simples. O segurado "B" gerará 10 mensalidades de R$ 20,00 para, no fim, reunir um capital de R$ 200,00. Os R$ 120,00 mensais depositados na conta do fundo de pensão mutualisticamente divididos em R$ 60,00, dos dois participantes e R$ 60,00, da patrocinadora.

Avalia-se, a seguir, a reserva de poupança e a reserva matemática, depois de efetivada a segunda contribuição.

Nesse momento, em relação a "A", a reserva matemática será R$ 1.000,00 (valor do capital) menos R$ 800,00 = R$ 200,00 (reserva matemática). Repare-se que o segurado gerou a contribuição de R$ 30,00 (dele) + R$ 30,00 (patrocinadora) = R$ 60,00 x 2 meses = R$ 120,00 (reserva de poupança), que é menos. O montante da portabilidade será o valor maior: R$ 200,00.

Em relação a "B", os cálculos pouco mudarão, apenas os algarismos envolvidos. A reserva matemática será R$ 200,00 (valor do pecúlio ou do capital) menos R$ 160,00 (contribuições que faltam), resultando em R$ 40,00 (reserva matemática). Note-se que o segurado gerou a contribuição de R$ 120,00 (reserva de poupança), que é maior do que a reserva matemática (R$ 40,00). O *quantum* da portabilidade será aquele valor (R$ 120,00).

Tendo de desembolsar R$ 200,00 + R$ 120,00 = R$ 320,00, se os dois pedissem a transferência dos recursos, o fundo de pensão ficaria em dificuldades. Para isso, o matemático teria de prever alguma "taxa de portabilidade" ou algo assim e é preciso pensar, agora em termos globais, como ficariam ainda as despesas administrativas.

Para raciocinar, vislumbre-se a situação dos dois segurados no nono mês, faltando um para completar o valor necessário para pagar o pecúlio ou prestação continuada.

O participante "A" teria gerado 9 mensalidades de R$ 100,00, num total de R$ 900,00. A reserva matemática seria de R$ 1.000,00 - R$ 100,00 = R$ 900,00. Saliente-se que o segurado gerou a contribuição de R$ 30,00 (dele) + R$ 30,00 (patrocinadora) = 60,00 x 9 meses = R$ 540,00 (reserva de poupança).

O participante "B" teria gerado 9 mensalidades de R$ 20,00, num total de R$ 180,00. A reserva matemática seria de R$ 200,00 - R$ 20,00 = R$ 180,00. Veja-se que ele gerou a contribuição de R$ 30,00 (dele) + R$ 30,00 (patrocinadora) = R$ 60,00 x 9 meses = R$ 540,00 (reserva de poupança).

Finalmente, no décimo mês o segurado "A" pagou 10 x R$ 100,00 = R$ 1.000,00 e sua reserva de poupança coincidirá com a reserva matemática, o mesmo acontecendo com o segurado "B" : 10 x R$ 20,00 = R$ 200,00 e a entidade recebeu exatamente esses R$ 120,00 x 10 = R$ 1.200,00.

43. Reserva constituída

Como antecipado, o art. 15, parágrafo único, da LBPC, tenta definir o direito acumulado; ele quer dizer a soma de valores monetários, decantados num certo momento. Distinguem-se dois tipos de reservas: a) reserva constituída e b) reserva matemática.

Reserva constituída (ou realizada) representa as importâncias que ele acumulou ao longo do tempo e também seus rendimentos. Provavelmente, escriturados em conta individualizada, assinaladas por mensalidades usuais ou excepcionais, incluindo, por convenção regulamentar, as oriundas da patrocinadora. Reserva constituída, que não se confunde com reserva de poupança.

Impor-se-á certa distinção: devidas ou efetivadas? Efetivadas com certeza, mas as não realizadas terão de ser sopesadas, buscando-se solução adequada como a figura do implemento.

O crédito do titular, pelo mandamento legal, é a quantia devida, mas não necessariamente integralizada, não importando o motivo (inadimplência, discussão administrativa ou judicial e até dificuldade de apuração). A inadimplência e a decantação final do direito serão regularizadas *a posteriori*.

Quando trata dos planos instituídos a partir da LC n. 109/01, para efeito daqueles que adotem o BD, a Resolução CGPC n. 6/03 define-a como o "valor acumulado das contribuições vertidas por ele ao plano, destinadas ao financiamento do benefício pleno programado, de acordo com o plano de custeio, ajustado conforme o regulamento do plano de benefícios" (art. 15, § 3º).

Problema significativo diz respeito à correção monetária dos valores contabilizados, expurgos reais, indexadores, critérios e percentuais. O princípio constitucional da irredutibilidade dos benefícios há de ser invocado e os órgãos de classe, associações e sindicatos, especialmente a ANAPAR, devem acompanhar, *pari passu*, um a um, a decantação jurisprudencial dos diferentes índices. Caso contrário, a portabilidade não refletirá o direito acumulado.

44. Reserva matemática

Convenção da ciência matemática, reserva matemática é expressão meio sem sentido, pois a de poupança também é matemática e a matemática é poupança (*sic*). Consiste na reunião de três valores: a) contribuições originais do participante; b) contribuições originais da patrocinadora; e c) totalidade da soma, menos as despesas operacionais.

A Minuta do Regulamento da LBPC possuía, em seu art. 11, § 1º, um conceito básico: "A reserva matemática do participante que se desliga do patrocinador para aquisição do direito ao benefício programado pleno observará: I — a reserva matemática por meio das contribuições normais feitas em nome do participante para o benefício de aposentadoria programada e continuada; II — a reserva referente ao tempo de serviço passado, sendo a parcela constituída pelo patrocinador equivalente, no mínimo, o valor resultante disposto no § 3º".

Este, por sua vez ditava: "A reserva correspondente ao compromisso inicial com os participantes quando da criação do plano de benefício, referente ao tempo de serviço passado assumido pelo patrocinador integrará reserva matemática do participante na seguinte proporção: TP/TP (R-X), onde TP = Número de anos decorridos desde a entrada do participante no plano de benefícios até a cessação de seu vínculo empregatício; R = Idade em anos completos prevista para o participante atingir as condições de elegibilidade para a aquisição do benefício programado pleno; X = Idade do participante na cessão do vínculo empregatício em anos completos".

A FUNCEF propõe o seguinte modelo:

"Art. A — O valor dos recursos financeiros da portabilidade será apurado:

a) com base na data da cessação do vínculo empregatício do participante com o empregador; ou

b) no caso do inciso IV do artigo 14 da LC n. 109/01, com base na data da cessação das contribuições do participante ao plano; ou

c) No caso do inciso I do artigo 14 da LC n. 109/01, com base na data do requerimento da portabilidade.

Art. B — A reserva matemática é o resultado da seguinte equação: diferença entre o valor presente do benefício líquido programado pleno futuro e o valor presente das contribuições futuras que seriam realizadas pelo participante e pela patrocinadora até a data da concessão do benefício programado pleno, sendo esta diferença multiplicada pelo resultado da divisão do tempo de filiação ao plano, a partir de 30 de maio de 2001 até a data prevista no artigo A, pelo tempo total de filiação ao plano a que o participante teria na data do direito ao benefício programado pleno, multiplicado ainda pela razão, não superior à unidade, existente entre o ativo líquido integralizado para fins de portabilidade e a soma das reservas matemáticas de benefícios concedidos e benefícios a conceder do plano.

§ 1º. O conceito previsto no *caput* deste artigo está expresso na seguinte fórmula e definições:

$$VPBF - VPCF \times \frac{TP1}{TP2} \times \frac{ATLI}{(BC + BAC)} \quad \text{sendo:}$$

a) VPBF — (valor presente do benefício líquido programado pleno futuro) — corresponde ao valor presente do benefício programado pleno futuro líquido das contribuições devidas no período de percepção do benefício pelo participante e pela patrocinadora, dimensionado atuarialmente, considerando nulas as hipóteses de crescimento salarial e de crescimento de benefícios.

b) VPCF — (valor presente das contribuições futuras que seriam realizadas pelo participante e pela patrocinadora até a data da concessão do benefício programado pleno) — corresponde ao valor presente das contribuições futuras exclusivamente destinadas ao custeio do benefício programado pleno, excluída aquelas previstas para o custeio dos demais benefícios do plano, aquelas destinadas ao custeio administrativo, que seriam devidas pelo participante e pela patrocinadora até a data da concessão do benefício programado pleno, dimensionado atuarialmente, considerando nulas as hipóteses de crescimento salarial e de crescimento de benefícios;

c) TP1 (tempo de filiação ao plano, a partir de 30 de maio de 2001, até a data prevista no artigo A) — corresponde ao menor valor apurado na comparação entre o número de anos completos decorridos desde a entrada do participante no plano de benefícios até a data prevista no artigo A, conforme o caso, ou o número de anos completos decorridos desde 30 de maio de 2001 até a data prevista no artigo A, conforme o caso.

d) TP2 — (tempo total de filiação ao plano que o participante teria na data do direito ao benefício programado pleno) — corresponde ao número de anos completos decorridos desde a data de entrada do participante no plano de benefícios até a data prevista para o participante atingir as condições exigidas pelo regulamento do plano de benefícios para a aquisição do benefício programado pleno.

e) ATLI — (ativo líquido integralizado para fins de portabilidade) — corresponde ao valor do ativo do plano deduzidas todas a exigibilidades, os fundos e as operações com patrocinadoras.

f) (BC-BAC) — (soma da reservas matemáticas de benefícios concedidos e benefícios e a conceder do plano) — corresponde à soma da reserva matemática de benefícios concedidos com a reserva matemática de benefícios a conceder, não sendo deduzida a reserva a amortizar.

§ 2º. Os valores do ativo líquido integralizado para fins de portabilidade, das reservas matemáticas de benefícios concedidos, das reservas matemáticas de benefícios a conceder, da reservas a amortizar e dos valores presentes de benefícios e de contribuições são aqueles apurados no mês imediatamente anterior às datas previstas no artigo A, conforme o caso.

Art. C — O critério de cálculo do valor a ser portado estabelece um padrão mínimo para a sua implementação, devendo ser respeitadas as especificidades dos planos de benefícios e respectivos planos de custeio. *Parágrafo único.* O critério de plano da reserva matemática para fins de portabilidade deverá constar do regulamento do plano de benefícios.

Art. D — O valor a ser portado não poderá ser inferior ao valor que seria devido ao participante, conforme previsto no regulamento do plano de benefícios, caso ele se desligasse do plano e não optado pela portabilidade".

Conceito perquirido pelo iniciante em atuária é combinação de duas palavras heterogêneas, significando, *grosso modo*, certa dimensão material (aspecto aritmético) de recursos financeiros amealhados (aspecto econômico), com vistas em algum objetivo definido na lei securitária.

O problema avoluma-se com a convenção vernacular nem sempre assimilada, disso resultando expressões como "reserva técnica", "reserva de poupança", "reserva de contingência", a merecer explicações.

A idéia mais simples de reserva matemática consiste em ser o nível da garantia das obrigações assumidas com os participantes, incluindo os contribuintes ativos e os atuais e futuros aposentados.

No campo da teoria, *Rio Nogueira* propicia algumas das distinções necessárias à elucidação desse fenômeno atuário. Inicialmente, sustenta, jurídica e economicamente, ser "a expressão monetária do direito líquido de um grupo segurado, perante a entidade previdencial, em sua fase de funcionamento normal, direito esse que varia no tempo, dependendo de compromissos recíprocos pactuados entre o grupo e a entidade através de normas estatuárias, regulamentárias, legais, etc." (ob. cit., p. 43).

Dessa descrição defluem algumas conclusões rápidas: a) resultado da relação jurídica entre o participante e a entidade; b) direito do segurado perante a EFPC; c) importância quantificável em condições normais; d) valor líquido e ilíquido, pois varia no tempo; e) subordinação à avença preestabelecida; e f) submissão às normas contratuais. É, pois, instituto complexo.

Num resumo simplista, pode-se dizer que a reserva matemática resulta de cálculo; a reserva de poupança é soma de capitais.

A Resolução CGPC n. 6/03, que definiu reserva constituída, não explicita o que seja reserva matemática.

45. Portabilidade no BD

Com alguma insistência afirmam diversos autores, no plano de benefício definido, a real apuração do *quantum* restaria dificultada conceitual e materialmente. Naturalmente, diante do mutualismo presente e da solidariedade própria do regime financeiro de repartição simples, os valores são ilíquidos, o que se poderia determinar *a posteriori* é o custo da cobertura de prestações imprevisíveis.

Tratando-se de convenção cientifíca, parte da contribuição destina-se aos benefícios não programados e parte aos programados, cabendo aos matemáticos separar a fração das prestações previsíveis e das imprevisíveis, qual o valor que se consumiria se a contingência protegida se realizasse; ou algo assim. O correto é os órgãos supervisores fixarem critério justo em cada caso.

Para o "Portabilidade nos Planos de Benefícios de Empregadores", texto traduzido pela CLM — Consultoria Atuarial Ltda., *in* internet: "o valor da transferência portabilidade é uma quantia em dinheiro que representa o necessário para o pagamento desses benefícios na aposentadoria. Ela depende do provável retorno futuro dos investimentos e das expectativas de vida dos indivíduos de sua idade e da idade de seu cônjuge e/ou dependentes.

O valor não depende das contribuições que você ou seu empregador realizaram, isto significa que o valor da portabilidade será o mesmo numa empresa que contribui considerando os valores correspondentes aos dias em que correram feriados, como para as empresas que não pagaram contribuições sobre aqueles dias. Ele tem relação apenas com os benefícios que você receberia no futuro se você deixasse o plano hoje".

Paulo Sérgio Cavezzalle assinala as impropriedades técnicas e políticas do instituto, particularmente quando o plano é de benefício definido: "O problema é que o legislador anterior permitia que se desenhassem planos com características mutualistas, em que as reservas matemáticas daqueles que se desligassem da EFPC antes de obter o direito à complementação de aposentadoria reverteriam para a massa composta pelos demais participantes" ("O lado perverso da portabilidade", *in* Revista dos Fundos de Pensão n. 274, ABRAPP, SP. ano XIII, jul./02, pp. 23/24).

Com certeza, a questão não se esgotará facilmente até que seja equacionada cientificamente. À evidência, parte das contribuições vertidas ao plano não podem a ser agregadas à portabilidade, devendo jazer no plano de benefícios cedente. De forma alguma, retornará à patrocinadora. Se isso gera superávit e os benefícios futuros melhoram para os participantes remanescentes, sorte deles; isso não pode, a tempo ser repassado a que portou. Mais ou menos essas são as idéias de *Joelcio Flávio Flaviano Niels* ("Fundo de Pensão: saques e transferências de reservas", *in* Jus Navegandi, *http://wwwl.jus.com.br/doutrina/texto*, asp?id=2693, colhido em 7.11.03).

Surpreendendo pela coragem de inovar, a Resolução CGPC n. 6/03 dividiu os planos em dois tipos: a) instituídos antes da LC n. 109/01 e b) depois dessa data (art. 15, I/II). Para os primeiros não fez distinção, se eram BD, CD ou híbridos. Para aqueles implantados a partir da LBPC, por sua vez, separou-os em dois grupos: I) benefício definido e II) contribuição definida.

A regra para o plano de benefício definido optou por acompanhar a legislação básica (art. 15 da LC n. 109/01), acrescendo "na forma regulamentada e conforme nota técnica atuarial do plano de benefícios, assegurado no mínimo o valor do resgate nos termos desta resolução".

46. Portabilidade no CD

Se a entidade emissora adota plano de contribuição definida e, particularmente, caso o entidade receptora seja do mesmo tipo, havendo determinação mensal e pessoal da dupla cotização (profissional e patronal), aparentemente a operação contábil não seria tão difícil, pois os dois valores (reserva constituída ou reserva matemática) têm expressão facilitada na escrituração da entidade.

Mas ocorrerá previsão de contribuição para a hipótese de haver sinistro em relação aos benefícios imprevisíveis, impondo-se novamente, a solução anterior.

Certamente existirão planos exclusivamente de benefício definido, mas é imaginável a cobertura previdenciária calcada apenas numa contribuição definida. Não passaria de poupança ou aplicação financeira com baixo nível de solidariedade e não pode ser aplaudida.

A Resolução CGPC n. 6/03, para estes casos, determinou que serão "a reserva matemática constituída com base nas contribuições do participante e do patrocinador ou empregador" (art. 15, II, *b*).

47. Despesas dedutíveis

A exceção da "taxa de administração que passaria a pagar, caso venha a optar pela manutenção de sua inscrição no plano de benefícios" (art. 7º, VII), a Res. CGPC n. 9/02 silencia quanto ao conceito do que se deva entender por despesas administrativas. Os gestores terão de se socorrer às instruções anteriores e nem sempre elas prestar-se-ão à portabilidade.

Os arts. 14/15 (fechada) e 27 (aberta) da LBPC nada dizem quanto à dedução das verbas de administração do plano, mas, à evidência, elas diminuem o encargo do fundo cedente. Aliás, certamente, ao menos coletivamente sua contabilidade já terá definido previamente esse montante. Quando define o resgate há menção de dedução das despesas, mas isso não significa que *a contrario sensu* isso não sucederá na portabilidade.

Pela sua importância a matéria merece disciplina própria, em que sejam indicadas claramente as parcelas incluídas, pois abusos podem ser cometidos, não só na apuração dos valores quanto em sua definição. Pena que o art. 9º, parágrafo único, da Res. CGPC n. 9/02 não tenha incluído no Termo de Portabilidade espaço específico para a quantificação desse valor.

Na Lei n. 6.435/77 colhia-se: "Nas entidades abertas, sem fins lucrativos, as despesas administrativas não poderão exceder os limites fixados, anualmente, pelo órgão normativo do Sistema Nacional de Seguros Privados" (art. 32).

Dada a natureza de sua definição e se assim convencionado o valor da reserva matemática é líquido.

48. Plano híbrido

Em seu art. 15, § 1º, a Resolução CGCP n. 6/03 trata do que chama de planos que "combine alternativamente características das alíneas 'a' e 'b' do inciso II deste artigo" (BD e CD), ora designado como planos híbridos.

Neste caso, segundo aquela norma a reserva matemática será a maior que resultar da aplicação das regras contidas no inciso II.

Já no art. 15, § 2º, ela trata do mesmo plano híbrido que comporte cumulativamente as duas características, hipótese em que a "reserva matemática corresponderá à soma dos valores resultantes a da aplicação isolada das regras previstas nas alíneas 'a' e 'b'".

49. Entidades desequilibradas

A atual legislação sobre a portabilidade não especifica os diferentes planos de benefícios, em termos de equilíbrio atuarial ou financeiro, nem mesmo cuida de eventual inadimplência dos dois pólos da relação, participante ou patrocinadora, ou trata dos créditos de ambos, fatores pecuniários que podem influenciar a fixação do montante a ser transferido.

A respeito diz o art. 15, § 5º, da Resolução CGPC n. 6/03: "Os critérios e a metodologia de apuração do direito acumulado pelo participante, para fins de portabilidade, considerando eventuais insuficiências de cobertura do plano de benefícios, deverão constar do regulamento e da nota técnica atuarial do plano de benefícios".

Segundo o art. 15, § 5º, da Resolução CGPC n. 6/03: "Os critérios e a metodologia de apuração do direito acumulado pelo participante, para fins de portabilidade, considerando eventuais insuficiências de cobertura do plano de benefícios, deverão constar do regulamento e da nota técnica atuarial do plano de benefícios".

a) Planos deficitários

O déficit dos planos está definido no art. 21, §§ 1º/3º, da LBPC. Presente a insuficiência de recursos para cumprir o avençado, próximo ou remotamente abstraindo a hipótese de futura redução dos benefícios (que não alcançaria o ex-participante), *in casu* a solução proposta pela lei é o aumento da contribuição dos ativos e daí para frente. Vale lembrar que, cientificamente, fração desse débito histórico é cometível ao inscrito que, agora, quer se afastar do plano.

Qualquer providência cautelar em relação ao nível portabilidade só poderá ser tomada após a perfeita decantação do aludido déficit e consoante a apuração do seu vulto pessoal. O aportado anteriormente a essa data-base, quando o plano estava em equilíbrio, não poderá ser afetado.

Diante de plano deficitário, poder-se-ia cogitar de antecipar a contribuição adicional desse retirante, mas ele exaure os seus direitos e obrigações ao se retirar da entidade, tornando-se impossível a recomposição.

O correto é apurar-se, do total da portabilidade, o que se pode atribuir ao transferente até a data da transferência, diminuindo-lhe o percentual proporcional correspondente.

b) Planos superavitários

A LBPC cuida do plano com superávit em seu art. 20, ali determinando a constituição de reserva de contingência que, à evidência, incorpora contribuições aportadas pelo titular do direito à portabilidade. Da mesma forma como em relação aos planos deficitários.

Parte desse superávit terá de ser atribuído àquele participante que se afasta da entidade e precisa ser aferido para incorporar-se ao vulto da portabilidade.

c) Participante devedor

Ocorrendo a circunstância de o transferente estar em débito para com a entidade, caberá considerar o acerto de contas, pois não tem sentido continuar recolhendo as prestações atrasadas para, depois, elas serem encaminhadas ao fundo receptor.

Ao cuidar do extrato (art. 7º, I/VIII), a Resolução CGPC n. 9/02 menciona a presença do "saldo de eventuais dívidas do participante junto à entidade, 'mas a sua minuta vedava o direito (*sic*) à portabilidade'". Solução válida é descontar a soma da dívida do *quantum* final e transportar o subtotal.

d) Participante credor

Em várias hipóteses, o participante torna-se credor de contribuições, por exemplo daquelas recolhidas indevidamente e novamente será preciso ajuste contábil entre os pólos da relação.

e) Dissídios com a patrocinadora

Em alguns casos, por ocasião da apuração do *quantum* e da emissão do Termo de Portabilidade, dar-se-á de o empregado e o empregador estarem discutindo direitos trabalhistas, administrativa ou judicialmente. Após a solução da pendência nascerão eventuais créditos do participante, justificando-se a emissão de implementação.

f) Equívoco no valor

Ao final do processo de instrução do pedido da portabilidade, ocorrendo erros na fixação do montante, para mais ou para menos, justificará correções *a posteriori*.

g) Retorno financeiro

O art. 21, § 2º, da LBPC prevê retorno de valores ao patrimônio da entidade, que pode suceder tempos depois da ultimação da transferência dos recursos, obrigando sua implementação.

h) Retirada de patrocinadora

Operada a retirada da patrocinadora ela é devedora de importâncias que venceriam mais adiante, convindo ser considerada a fração do participante retirante.

50. Negociação e parcelamento

Ambas discutíveis, a Resolução CGPC n. 9/02 preceitua a irrevogabilidade e a irretratabilidade da opção pela portabilidade. Alhures, com veemência, alguns autores sustentam sua inegociabilidade. As duas primeiras técnicas apontadas, quando válidas, são garantia do titular e não da entidade.

O total é discutível administrativa e judicialmente e, segundo a administração, até parcelado o seu desembolso. Por que não poderia ser objeto de transação, se for do interesse do segurado?

Depois da inacessibilidade (impedimento do titular apropriar-se do valor portado), a referência à irrevogabilidade e à irretratabilidade do art. 3º da Resolução CGPC n. 9/02 suscitam dúvidas quanto ao seu significado. Entende-se que a entidade não pode revogar o ato por sua vontade e que o participante não teria o direito de voltar atrás na opção assumida.

Reza o art. 15 da Resolução CGPC n. 9/02: "O órgão fiscalizador poderá autorizar, em casos excepcionais, devidamente justificados, que os recursos objeto de portabilidade sejam transferidos parceladamente".

Disposição de tamanha importância carece de regulação explícita, caso contrário sobrevirão abusos em prejuízo dos participantes. Previamente, em cada caso, com suas justificativas, o cenário determinante da excepcionalidade tem de ser configurado pela SPC.

Pela redação adotada, a disposição dá a impressão de que o MPS tem poder de dispor sobre a portabilidade, mas essa delegação não existe na lei. Havendo concordância entre os três atores da relação, eles podem anuir quanto ao parcelamento, não carecendo de homologação da SPC.

CAPÍTULO V

DISTINÇÕES NECESSÁRIAS

Uma maneira intuitiva de personificar a portabilidade como instituto técnico é deixar evidente o que ela não é, ou seja, como esse mecanismo de levantamento de recursos financeiros se distingue de outros procedimentos assemelhados, presente nos planos de benefícios. Dessas comparações restarão avultadas suas principais nuanças e, com isso e mais a própria definição, naturalmente sobrevirá sua individualidade.

A LBPC não é lei de superdireito e, assim, não prevê a emissão do Termo de Portabilidade para fundos de pensão no exterior, mesmo reunidos todos os requisitos legais. Fica, destarte, definida a área de sua abrangência, limitada à legislação brasileira.

Os riscos de contratação de planos no exterior foram lembrados por *Arthur Bragança de Vasconcellos Weintraub* ("Planos de Previdência Estrangeira adquiridos por brasileiros", *in* Jornal do 2º Congresso Brasileiro de Previdência Complementar", LTr Edit., SP, 2002, p. 46).

Como se verá adiante são várias situações em que valores são entregues ao participante e que não se identificam com a portabilidade. Vale lembrar os empréstimos financeiros, referidos no art. 76, §§ 1º/2º, da LBPC e eventuais pecúlios ainda existentes, inconfundíveis com a transferência de recursos de que ora se cogita.

51. Resgate de aportes

Um protótipo da portabilidade, a figura mais parecida que se conhece, sem ser idêntica, é o resgate (LBPC, art. 14, III). Diferença fundamental diz respeito à natureza do montante liberado e sua disponibilidade financeira. Variando aqui e ali, conforme cada Regulamento Básico, de modo geral ele refere-se às contribuições do participante, enquanto aquela adiciona os aportes da patrocinadora. Sob esse aspecto, a desigualdade é expressiva.

No resgate sobrevem liberdade total de uso do seu conteúdo, o segurado dispõe do recurso financeiro como desejar; na portabilidade isso só acontecerá no futuro, quando da fruição do benefício no fundo de pensão receptor. Logo, o resgate não é idéia previdenciária, mas a portabilidade sim.

Ele também não impõe o afastamento da patrocinadora nem o ingresso em outra entidade. Corresponde, por assim dizer, à antiga restituição de contribuições devidas, contempladas no RGPS (antes de 1960).

O resgate tem tradição na previdência fechada (o que não acontece com a portabilidade) e está também relacionado entre os produtos oferecidos pelo segmento aberto.

Antes da promulgação da LC n. 109/01, *Enrico Francavilla* chamou a atenção para o fato de que inexistente a portabilidade, restava ao segurado o resgate de suas contribuições e que estas ainda ficavam sujeitas ao Imposto de Renda ("A previdência privada e a portabilidade de reservas: as desigualdades da legislação e a nova interpretação jurisprudencial", *in* Jus Navegandi, SP, 2002, pp. 1/3), o que não sucede com a transferência ora enfocada.

Finalmente, o resgate é relação bilateral e a portabilidade é triangular. O que têm em comum é ambas diminuírem o patrimônio coletivo do plano num primeiro momento e num segundo, reduzirem suas obrigações. Quem porta ou resgata deixa o plano e este desonera-se em relação às suas prestações futuras.

Provavelmente referindo-se apenas às contribuições, *Heleno Sotelino* ressalta ser "saque único de todos os valores existentes, renunciando, pois, a qualquer benefício futuro" ("Segmentos Aberto e Fechado — Produtos", *in* Jornal do 3º Congresso Brasileiro de Previdência Complementar, LTr Edit., SP, 2003, pp. 21/22).

52. Benefício diferido

Previsto no art. 14, I, da LC n. 109/01, o *vesting* é benefício complementar, prestação previdenciária sob exercício diferido, alongada no tempo futuro. A portabilidade não é valor apropriado imediatamente pelo segurado, reduzindo-se a simples mudança de capitais acumulados, de um para outro fundo de pensão.

Miguel Horvath Júnior o define como "instrumento de preservação do direito previdenciário dos participantes de planos de benefícios das entidades fechadas de previdência complementar (EFPC). Apresentando-se como meio de opção pelo recebimento futuro de um benefício proporcional às suas contribuições, em razão da cessação do vínculo empregatício com os patrocinadores ou instituidores antes da aquisição do direito ao benefício pleno" (*in* Jornal do 3º Congresso Brasileiro de Previdência Complementar, LTr Edit., SP, 2003, pp. 53/54).

Por seu turno, *Emílio Recamonde Capelo* o tem como "um instituto que preserva os direitos previdenciais de um participante de fundo de pensão para desfrutar de um benefício referente a determinadas fontes de custeio, sejam os aportes do próprio participante, sejam os do seu empregador. No jargão previdenciário, no sentido estrito, o *vesting* representa o direito condicional e diferido de o participante usufruir dos benefícios já fundados pela contribuição do empregado, sem a exigência da continuação da relação laborativa, mas na dependência do preenchimento de certos requisitos, tais como ter emprestado o seu esforço de trabalho ao empregador por um número mínimo de anos e estar vivo e válido na data regular da aposentadoria programada" (Ob. cit., p. 9).

Na condição de benefício, o *vesting* prorroga o momento de fruição da poupança realizada, enquanto a portabilidade é ato instantâneo, ainda que os seus efeitos previdenciários sejam protelados para a data da reunião dos elementos da elegibilidade.

Embora deixe a patrocinadora (tanto quanto no autopatrocínio), no *vesting* o titular do direito mantém-se ligado à entidade.

No art. 42, § 11, a Lei n. 6.435/77 oferecia a seguinte descrição: "Os participantes que ainda não tenham implementado as condições a que se refere o parágrafo anterior farão jus, quando se aposentarem, àquela complementação, de acordo com as normas do plano a que estejam vinculados, mas proporcionalmente aos anos completos computados pela entidade de previdência privada até o início da vigência desta Lei".

Importa recordar que a Resolução CGPC n. 13/02, que rege o BPD, em seu art. 6º diz: "A opção do participante pelo BPD não impede a posterior portabilidade".

53. Autopatrocínio

Diz o art. 14, IV, da LBPC: "faculdade de o participante manter o valor de sua contribuição e a do patrocinador no caso de perda parcial ou total da remuneração recebida, para assegurar a percepção dos benefícios nos níveis correspondentes àquela remuneração ou em outros definidos em normas regulamentares".

Nesse próprio patrocínio tem-se situação jurídica convencionada no Regulamento Básico, autorização pactuada para o segurado continuar filiado à EPC, contribuindo como se fosse empregado da patrocinadora, sem resgatar ou portar quaisquer importâncias (exceto o benefício futuro, a ser concedido adiante, quando do preenchimento dos requisitos da elegibilidade).

Nem por isso ele se assemelha ao *vesting*. A exemplo do facultativo do art. 13 do PBPS, o segurado continua contribuindo, por assim dizer, "em dobro". E o vinculado pode, depois, ingressando num outro fundo, portar os dois valores: o que pagou antes da rescisão contratual com o empregador e o que verteu do seu bolso.

A situação desse dobrista, própria do autopatrocínio, assemelha-se à do participante ativo sem direito a benefício, com a diferença que está desligado da patrocinadora e sujeito a regras regulamentares próprias.

54. Migração entre planos

Migração entre planos é o deslocamento jurídico de participantes e de numerários de um para outro no âmbito da mesma entidade. Prática costumeira, adotada por muitas instituições, especialmente a partir do momento em que o plano de contribuições definidas tornou-se a coqueluche do sistema.

Num fundo multipatrocinado pode haver desligamento de um empregador (requisito mínimo para a transferência de recurso) e admissão em outro, ambos patrocinadores de um mesmo plano. Inexiste a figura da portabilidade. Não ocorre ruptura do vínculo nem disponibilidade dos valores. Eles apenas abandonam um plano e vão para outro, sobrevindo menor ou maior proteção e complexos ajustes atuais, financeiros e contábeis.

55. Créditos atrasados

Por vezes, tanto quanto acontece no RGPS, o participante faz jus à percepção de diferença de atrasados de benefícios mantidos, em pagamento único ou parcelado, sem que isso possa ser confundido com o resgate ou a portabilidade. São direitos constituídos diferidos, auferidos *a posteriori*, dos quais ele dispõe livremente como as mensalidades da complementação.

56. Prestações dos beneficiários

As prestações complementares são a razão de ser do sistema, consubstanciando-se em pagamentos mensais, revelando estar o participante filiado ao sistema como inativo. Ainda que sobrevenha o rompimento do vínculo empregatício, aposentadoria do INSS e disponibilidade de valor, à evidência não é portabilidade.

Da mesma forma, o raciocínio das prestações vale para as mensalidades auferidas pelos pensionistas. São créditos devidos pelo fundo de pensão até o desaparecimento jurídico do pensionista.

57. Extinção de planos

Um plano de benefício "A" pode ser extinto, no mais das vezes por transferência dos participantes para um plano "B"; freqüentemente o primeiro era de benefício definido e o segundo, de contribuição definida, regendo-se pelo disposto no art. 16, § 3º, da LC n. 109/01.

Por vezes, o plano esgota-se naturalmente quando do cumprimento de suas obrigações, isto é, próximo de estar atendendo aos últimos beneficiários e não ser conveniente a manutenção da estrutura organizacional.

Nos dois exemplos sobrevirá pagamento único, distribuição antecipada, que não se confunde com a portabilidade.

58. Restituição de contribuições

Na figura jurídica da devolução de contribuições indevidas, até mesmo de quem se afastou da EPC, o montante aportado a maior é restituído ao titular do direito, mediante procedimento administrativo ou ação judicial.

A rigor, quando da portabilidade, tendo em vista o destino das importâncias e a intenção do participante, aquela soma poderia ser acrescida ao total transferido.

59. Liquidação extrajudicial

A liquidação extrajudicial das EPCs está prevista nos arts. 47/53 da LBPC. Decretada sua quebra, sobrevêm efeitos jurídicos e práticos relevantes. Um deles, o vencimento antecipado das obrigações da liquidanda (art. 49, II).

Conforme o art. 50, § 2º, da LC n. 109/01: "Os participantes, inclusive os assistidos, dos planos de benefícios terão privilégio especial sobre os ativos garantidores das reservas técnicas e, caso estes não sejam suficientes para cobertura dos direitos respectivos, privilégio geral sobre as demais partes não vinculadas ao ativo".

Nessas condições, *de lege ferenda*, nada impede os órgãos regulador e fiscalizador do MPS, nos limites destas normas, disciplinarem a portabilidade desses recursos pessoais para outros fundos. A medida seria mais previdenciária do que a mera realização do passivo, que é simples resgate.

60. Mudança de planos

Quando a patrocinadora opta por transferir o plano de benefício da entidade fechada para entidade aberta ou vice-versa, em conjunto, os participantes migram da EFPC para a EAPC, ou ao contrário. Tal procedimento, que seria forma de migração coletiva, não é portabilidade, até porque sem sobrevir a rescisão contratual.

Eraldo Oliveira Santos diz que: "A migração de fundos fechados para fundos abertos normalmente é um processo longo e desgastante, com muitos momentos de incertezas e insatisfação para os participantes e para a patrocinadora. Este processo ainda é disciplinado pela Resolução CPC n. 6/88, que disponibiliza a transferência dos participantes ativos e/ou assistidos para outra entidade fechada ou aberta, como uma das opções possíveis no caso de pedido e retirada de patrocínio" ("Portabilidade — Migração dos Fundos Fechados para os Fundos Abertos", *in* jornal do 3º Congresso Brasileiro de Previdência Complementar, LTr Edit., SP, 2003, pp. 56/67).

CAPÍTULO VI

OPERACIONALIDADE PROCEDIMENTAL

A transferência de recursos, no mais comum dos casos, de importâncias em moeda corrente nacional, quase sempre expressivas em face do período de carência previsto *ex vi* do art. 14, § 2º, da LBPC, e fixado em três anos pela Resolução CGPC n. 6/03, é medida complexa formalmente, reclamando regulação administrativa legal, claramente objetiva e institucionalmente consistente. Nela estarão sediadas questões que costumam atormentar os aplicadores da lei, pois cada EPC adotará critérios próprios e, em muitos casos, tentará obstar a migração dos valores, incentivando o *vesting* ou até o resgate, quando a vontade do segurado for de exercitar a portabilidade.

Hélio de Oliveira Portocarrero de Castro et alii lembram que a "legislação para o Brasil deveria levar em conta haver grande mobilidade de mão-de-obra. Seria demasiado prejudicial ao trabalhador aguardar 8 anos, como nos EUA, para que ele passasse a ter direito pleno sobre as contribuições da empresa. Além disso, as contribuições da empresa devem ser vistas como um salário indireto pago diferidamente e, portanto, pertencem ao trabalhador. No entanto, para não se incentivar a mobilidade de trabalho, criando-se, desta forma, desincentivos para que as empresas invistam em qualificação profissional, deve-se fixar um prazo mínimo para que o trabalhador possa ter direitos sobre as contribuições das empresas" ("Regime Complementares de Previdência", *in* Relatório Final de 12.9.93, pp. 32/33).

61. Titular do direito

O exercente da portabilidade é o participante, anteriormente prestador de serviços à patrocinadora e filiado ao seu fundo de pensão e, no entender dos entes supervisores do MPS, contribuinte ativo ainda sem direito à complementação. Inocorrente impedimento legal ou regulamentar de que ele participe de segundo fundo de pensão, após haver nele se inscrito, em virtude de transferir-se da EFPC e de querer portar os capitais acumulados.

Participante entendido como o segurado comum, inscrito regularmente, questionando administrativa ou judicialmente ou não, no pleno exercício de sua capacidade civil e previdenciária e que preencha os requisitos legais e em relação a capitais que acumulou (até porque já pode ter levantado importâncias anteriores).

62. Desfazimento do vínculo

O segurado com direito é o ex-empregado da patrocinadora; quem rompeu o contrato de trabalho por qualquer motivo, até mesmo em razão de aposentadoria obtida junto do INSS (LBPC, art. 14, § 2º). Também faz jus à transferência de recursos o afastado do empregador, com ele litigando na Justiça do Trabalho.

Destarte, não importa se houve desligamento com justa causa, demissão a pedido do trabalhador, afastamento de ordem econômica ou cessação das atividades da empresa.

Pensando no Brasil, campeão mundial de acidentes do trabalho, com oito vítimas fatais por dia, circunstância a ser considerada pelo administrador é o rompimento do contrato por falecimento do segurado e a disposição dos dependentes de usufruírem a pensão por morte em outro plano de benefícios. Se se aceitar a transferência de recursos de pessoas com direito adquirido ou percipiente de benefícios, ter-se-á de admitir a portabilidade também para esse efeito.

Antes de ser revogado, dizia o art. 4º, II, da Resolução CGPC n. 9/02, ser condição: "antes do participante implementar as condições estabelecidas para a elegibilidade ao benefício de prestação programa e continuada oferecido pelo plano".

O complementado, e possivelmente o pensionista, na visão regulamentar administrativa não poderiam transportar o seu capital para outro fundo de pensão acaso com percepção das prestações. A solução alvitrada pela administração tem de ser repensada porque, além de não haver obstáculo na lei, esse procedimento pouco afetaria as relações entre o participante e os fundos envolvidos, se para isso preparado. Se a inscrição no fundo receptor de alguém tão próximo da fruição da complementação (ou não) pode afetar o plano cessionário, isso terá de ser previsto pelo atuário que fixará as regras de admissão dos portadores de capitais.

Excepcionando a própria regra, dizia o parágrafo único do art. 4º: "O disposto no inciso II deste artigo não se aplica aos casos de elegibilidade a benefício de aposentadoria programada antecipada", esquecendo-se que essa hipótese de autorização pode criar os mesmos problemas, se é que existem, no fundo receptor. Norma que, por sinal, desapareceu na Resolução CGPC n. 6/03.

Nem a lei nem a Resolução CGPC n. 9/02 ou a Resolução CGPC n. 6/03 têm disposição sobre o desligamento do participante do instituidor, quando filiado a entidade associativa. Na minuta do primeiro desses atos regulamentadores colhia-se: "Nos planos acessíveis aos associados ou membros de pessoas jurídicas de caráter profissional, classista ou setorial, a portabilidade ocorrerá com a manifestação formal do participante, não havendo necessidade de cessação do vínculo associativo com o Instituidor", mas a disposição não compareceu no texto final e com isso a dúvida permanece. Aliás, as duas resoluções do CGPC enfatizam as entidades fechadas sem cuidar das associativas.

A criação de EPC associativa, presente as entidades abertas que poderiam cumprir igual papel, visa estimular o associativismo, agregando o trabalhador ao instituidor do fundo de pensão, que certamente arcará com certo ônus. Logo, este não pode funcionar como fundo de investimento ou caderneta de poupança; a portabilidade só será possível para quem dele se afastar.

O assunto tem de ser regulamentado com imaginação, porque a saída do instituidor é encargo elevado para os profissionais que desejarem a portabilidade e limitaria essa técnica.

Pontua a art. 13 da Resolução CGPC n. 6/03: "A portabilidade do direito acumulado pelo participante no plano de benefício originário implica a portabilidade de eventuais recursos portados anteriormente e a cessação dos compromissos deste plano em relação aos participantes e seus beneficiários". Ou seja, consumada a transferência dos recursos, extingue-se a relação jurídica com a entidade originária.

63. Período de carência

A exigência de tempo mínimo de permanência no fundo de pensão é concessão do legislador, diante de pressões e lobbies orquestrados em confronto, e em face de suas dúvidas quanto à técnica criada, pois os estudiosos não prevêem como ela vai se consubstanciar. Só o tempo dirá. Traz em si um contra-senso: se o tempo de cotização, por exemplo, menor do que 36 meses for pequeno, o *quantum* acumulado é inexpressivo e não importaria muito sua saída do plano (a rigor, não prejudicaria a entidade emissora nem beneficiaria a entidade receptora); por outro lado, se o período de aportes é longo, as contribuições somariam níveis significativos e a subtração do primeiro plano poderia comprometê-lo, mas melhoraria o segundo.

A idéia incorpora a concepção arcaica de que a previdência complementar é extensão da política de recursos humanos da empresa. Essa filosofia, que inspirou a carência, tentaria reter o profissional. Na verdade, prevaleceu o entendimento: não sabendo o que fazer, adia-se a solução. E isso, é claro, tem sua sabedoria. Ignora-se até onde a portabilidade vai estimular a transferência e afetar a rotatividade da mão-de-obra, antecipando a fruição dos benefícios (tornando salarial a prestação previdenciária).

O período de carência aprisiona o participante no plano ou o obriga a resgatar.

No caso dos planos com repartição simples e benefício definido, a saída de grandes capitais carecerá de regulamentação especial.

Para promover a portabilidade, além do desfazimento do vínculo empregatício, é preciso considerar o tipo de plano (§ 3º, II) e que o segurado participe do fundo de pensão, pelo menos, há certo tempo de casa (LBPC, art. 14, § 2º e § 3º, I).

Na Resolução CGPC n. 9/02 sustentava-se ser de: a) cinco anos — se o plano tinha sido instituído após 30.5.2001; e b) dez anos — se ele havia sido criado antes da LBPC. Com a Resolução CGPC n. 6/03, além de não haver referência aos planos anteriores à LBPC (art. 15), o prazo mínimo foi encurtado para três anos.

Isso significa que no dia 31.8.2004 — prazo estabelecido pelo art. 32 da Resolução CGPC n. 8/04 para a adaptação dos planos de BD e 30.4.2004 para os demais — quem tiver pelo menos três anos poderá promover a portabilidade.

A Resolução CGPC n. 9/02 não definia o que entendia por instituído e o momento é importante, podendo ser a data da publicação no DOU dos atos constitutivos da entidade (Estatuto Social e Regulamento Básico) por parte da SPC ou (e será sempre posterior) a data da implantação efetiva do plano de benefícios.

Tendo em vista o objetivo do preceito e levando em conta que o Regulamento Básico dispõe sobre as premissas matemáticas do plano, o primeiro momento pode ser escolhido como a data-base.

Em relação ao participante, o período de carência conta-se da inscrição no plano, normalmente coincidente com o primeiro mês de trabalho na patrocinadora. Na hipótese de afastamento e retorno à empresa e EFPC, o período deverá ser somado para esse efeito.

Tendo em vista que a regra estipulada é salvaguarda do plano, excetuados exageros administrativos (a serem impugnados pela SPC, quando do exame do Regulamento Básico), esse lapso de tempo mínimo teria de ser considerado facultativo, isto é, poderiam as entidades fixar prazo menor que o legal, mas nunca superior aos mencionados 36 meses. Conclusão que não ignora a presença da expressão "facultado" no art. 6º, quando tratava dos três anos e sua ausência no art. 5º, I/II.

Dizia ainda a Resolução CGPC n. 9/02 que as entidades poderiam prorrogar seus prazos, de cinco e dez anos, por mais três anos, tornando-se oito e 13 anos. Tal comando sujeitava-se à crítica, pois ambos limitavam o direito da portabilidade e podiam ser discutidos no judiciário. Rigorosamente, dada sua importância, a LBPC não deveria delegar essa atribuição ao CGPC ou à SPC, convindo que comparecesse no próprio texto da LC n. 109/01.

Tratava-se de faculdade a ser objeto de considerações por parte dos gestores de cada fundo de pensão, caso contrário, além de desnecessariamente polemizar a questão, vai afetar o próprio instituto. Com a Resolução CGPC n. 6/03, os dois desapareceram.

64. Destino do quantum

O destino do valor portado está definido no art. 14, § 4º, da LBPC: "O instituto de que trata o inciso II deste artigo, quando efetuado para entidade aberta, somente será admitido quando a integralidade dos recursos financeiros correspondentes ao direito acumulado do participante for utilizada para a contratação de renda mensal vitalícia ou por prazo determinado, cujo prazo mínimo não poderá ser inferior ao período em que a respectiva reserva foi constituída, limitado ao mínimo de quinze anos, observadas as normas estabelecidas pelo órgão regulador e fiscalizador".

A EAPC, para tornar legal a portabilidade, de antemão terá de oferecer plano com duas modalidades de rendas: a) vitalícia, provavelmente de nível menor e b) programada, com duração mínima de 15 anos, com *quantum* maior, correspondente ao período de contribuições do segurado.

Na hipótese de o participante possuir capital preexistente naquele segundo fundo, as quantias serão somadas.

O MPS precisa regulamentar melhor esse aspecto na parte procedimental, impedindo que suceda a vedação. Examinar as providências tomadas se, ao contrário da dicção legal, o participante conseguir resgatar o montante.

Caso particular é daquele segurado filiado simultaneamente a dois fundos de pensão, que se afasta do primeiro deles, transferindo os recursos deste para o segundo. Embora a lei e a regulamentação sejam omissas, também não disporá do capital acumulado, a ser portado e acrescido ao que já reuniu no fundo receptor, exceto quando do gozo dos benefícios.

Não há norma claramente impeditiva do resgate, quando o cessionário é entidade fechada. Ao disciplinar o instituto, o legislador opera com a regra (resgate no cedente), suscitando-se a possibilidade dele sacar no cessionário a contribuição pessoal (reserva de poupança) portada, constituída no primeiro fundo de pensão mais as que verteu no segundo deles.

Diz o art. 12, § 1º, da Resolução CGPC n. 6/03, que "sem prejuízo do disposto no *caput* e observado o disposto no art. 21 desta Resolução, os recursos portados de outro plano de previdência complementar poderão ser utilizados para pagamento de aporte inicial previsto no regulamento e nota técnica atuarial do plano de benefícios receptor". Quer dizer, além de contabilizar em separado os valores (*caput* do art. 12), presente a necessidade de aporte inicial o *quantum* aportado prestar-se para cobri-lo. Sendo insuficiente, o segurado compor-se-á com a entidade. Caso contrário, observar-se-á o § 2º.

Reza o art. 12, § 2º, que na hipótese de montante superar o aporte inicial exigido pelo plano receptor (ou em sua inexistência), eles resultarão em acréscimo nas prestações complementares, ou seja, terão função previdenciária e a diferença não poderá ser resgatada.

Como antecipado, a LBPC silencia quanto ao resgate das importâncias portadas, preferindo impedi-lo nas abertas, obrigando a transformação do valor em renda mensal, mas o art. 21 da Resolução CGPC n. 6/03 veda "o resgate de valores portados".

Ora, estes capitais constantes do Termo de Portabilidade são compostos por contribuições vertidas anteriormente pelo participante, no fundo cedente, que lhe permitiam o resgate e por contribuições vertidas anteriormente pela patrocinadora, de tal sorte que o preceito restringe o seu direito.

Não constando a limitação na LC n. 109/01, não poderia o CGPC fixar esse impedimento. Na verdade, as contribuições pessoais anteriores e posteriores à transferência continuam sendo "suas", no sentido que a previdência complementar atribui propriedade aos recursos.

65. Carência no receptor

No curso de sua carreira profissional, quando o trabalhador é admitido numa empresa e se associa ao seu fundo de pensão, o cenário é distinto daquele participante inscrito na EFPC desde sua entrada no mundo profissional. Em razão disso os regulamentos básicos costumam estabelecer regras de ingresso, com a fixação de aporte inicial ou jóia em relação ao tempo passado (art. 2º, VII).

Por meio da portabilidade o trabalhador transferido traz consigo capital acumulado que substitui aquela dotação inicial (relativa ao tempo de serviço no outro empregador).

Ocorre, às vezes, desse mesmo titular, depois de admitido na segunda EPC e ali depositar os valores da primeira EPC, pretender, outra vez, transferir-se para terceira entidade (nada impedindo, é claro, que seja para a primeira delas) e, nesse caso, para sua nova inscrição não poderá ser exigido o cumprimento da carência da portabilidade, pelo menos à luz da revogada Resolução CGPC n. 9/02. Com efeito, dizia o parágrafo único do seu art. 5º: "É vedado estabelecer prazo de carência para portabilidade de recursos portados a planos de benefícios". Claro, nem na segunda, nem da terceira EFPC.

A redação era precária, pouco esclarecedora e seu fundamento merece observações. O período de carência do art. 14, § 2º, da LC n. 109/01 em si é descabido e se sua justificativa é garantir aos planos condições para a saída e a entrada de recursos, então não se justifica a disposição.

O art. 14, § 1º, da Resolução CGPC n. 6/03, com redação precária, parece manter a regra: "O disposto no inciso II deste artigo não se aplica para portabilidade, nos planos instituídos por patrocinador, de recursos portados de outro plano de previdência complementar".

Daqui algum tempo, quando institucional e culturalmente todos os planos estiverem preparados para isso, esse prazo poderá desaparecer.

66. Fundos associativos

Os participantes de fundos de pensão associativos, na maioria dos casos, constituir-se-ão de cooperados e, principalmente, de autônomos, exatamente de quem não puder participar de fundo fechado *strito sensu*. Nessas condições, diante da profissionalidade serão incomuns as hipóteses de mudança de profissão e, assim, transferência de filiação da entidade associativa para outra.

Mas o autônomo pode tornar-se empregado, servidor público e desejar abandonar a entidade setorial. Esta, sem patrocinadora, provavelmente adotando plano de contribuição definida, terá condições de ofertar portabilidade em seu Regulamento Básico. Não só para a EFPC clássica como para outra associativa.

67. Planos abertos

Nas EAPCs, a portabilidade tem alguma tradição (Decreto n. 81.402/78) e regulamentação diferenciada (Resolução CNSP ns. 92/02 e 93/02), ocorrendo entre várias entidades e, provavelmente, sendo raros, mas não impossíveis, os casos de migração para fundos fechados.

A Circular SUSEP n. 210 não tem mais o impedimento do art. 10 da Circular SUSEP n. 183, de resgatar.

68. Planos fechados

Quando o cedente for cada uma das três possibilidades previstas na LBPC, o destino dos recursos admite sempre três hipóteses: a) fundo fechado; b) fundo aberto; e c) fundo associativo.

a) Para fundo fechado

Imagina-se que a modalidade mais comum será a do trabalhador da empresa que desfaça a relação empregatícia com ela e venha a se tornar empregado de outro empregador, isto é, a operação dar-se-á entre duas entidades fechadas. Melhor para o instituto técnico se os planos forem assemelhados em seu desenho.

b) Para fundo aberto

A segunda maneira, provavelmente, será a de quem perdeu o emprego e não podendo se filiar à entidade associativa nem para outra EFPC, pretende conduzir os valores para fundo aberto.

c) Para fundo associativo

A hipótese mais remota dar-se-á quando as contribuições serão levadas para entidade associativa, prevendo-se que isso aconteça com aquele que deixa a condição de empregado e assuma a de autônomo ou cooperado.

69. Fundos públicos

Quando regulamentados os fundos de pensão públicos (PEC ns. 40/03 e 67/03), em cada um dos entes da república (União, Estados, Distrito Federal e Municípios), eles terão de recepcionar tempos de serviço e capitais de trabalhadores da iniciativa privada que fizeram concurso público, tomaram posse e pretenderem complementar a remuneração superior a R$ 2.400,00. A lei terá de dispor em especial sobre essa contagem recíproca de tempo de serviço e o transporte dos capitais acumulados.

Ainda que admita facultativamente a manutenção da inscrição (art. 8º, § 2º, I/II) e certa modalidade o *vesting* (art. 9º), o PLC n. 9-A/99 (mensagem do Poder Executivo n. 358/99), em sua versão original, não previa a portabilidade.

Em artigo publicado na internet sobre o PLC n. 9-A/99, segundo *Vinicius Carvalho Pinheiro*: "Alguns setores entendem que, no momento da aposentadoria, as reservas acumuladas nos fundos de pensão deveriam, mandatoriamente, se transformar em rendas mensais vitalícias a serem compradas em bancos ou segurados. Do lado contrário, há a posição de que deveria ser vetado qualquer tipo de portabilidade de recurso dos fundos fechados para as entidades abertas. Nesse ponto, a posição mais plausível deve ser a intermediária que garante ao servidor liberdade de escolha em relação à entidade gestora dos seus recursos após a aposentadoria, de forma aumentar a competição no sistema, baratear custos administrativos e melhorar a qualidade dos serviços. É preciso, entretanto, cuidar para que este aumento de liberdade não venha acompanhado de excessivos gastos com propaganda e mobilidade de trabalhadores, como corre nos demais países latino-americanos, o que pode aumentar os gastos administrativos" ("Previdência Complementar para Servidores Públicos: Pontos Polêmicos", pp. 2/3).

70. Procedimento do cessionário

As EPCs receptoras da portabilidade são fechadas, associativas ou não, e as abertas. As regras legais e regulamentares variam conforme os grupos.

Em relação às abertas, vale o art. 14, § 4º, da LBPC, ao asseverar que a portabilidade só se efetivará "quando a integralidade dos recursos financeiros correspondentes ao direito acumulado do participante for utilizada para a contratação de renda mensal vitalícia ou por prazo determinado, cujo prazo mínimo não poderá ser inferior ao período em que a respectiva reserva foi constituída, limitado ao mínimo de quinze anos, observadas as normas estabelecidas pelo órgão regulador e fiscalizador".

A redação limita a ação da mensalização do instituto e, numa primeira leitura, significa que o participante tem de realizar o benefício, o que nem sempre será factível, por variados motivos. Tal interpretação, contudo, não impedirá que, paralelamente, o segurado efetue novas contribuições mensais com a entidade receptora, visando prestação futura, de pagamento único ou continuado, de maior valor.

Evidentemente, se o legislador não deseja destino diferente para os recursos, obstando claramente que a operação preste-se para resgate ou outra modalidade de levantamento do valor, os recursos poderão ficar a disposição da EAPC até que o segurado usufrua as prestações.

No tocante às fechadas propriamente ditas (tradicionais) e as associativas, será preciso considerar (como manda o art. 14, § 3º, II), o tipo de plano. Particularmente, algumas desta últimas entidades consagrarão apenas prestações programadas, enquanto que as patrocinadas adotarão planos híbridos e variados tipos de benefícios.

Depois de afirmar que a definição da reserva matemática é atribuição da SPC, nos casos de BD, a Resolução CGPC n. 9/02 garantia que os recursos financeiros destinar-se-iam à constituição do aporte inicial (art. 12, I) e nos casos de CD, os valores seriam transformados em quotas (art. 12, II).

A Minuta da Resolução CGPC n. 9/02 explicitava que: "No plano de benefícios estruturado na modalidade de contribuição definida o direito acumulado do participante, para fins de portabilidade, corresponderá à transformação em moeda corrente nacional do saldo expresso em quotas, acumuladas em favor do participante para o benefício programado e continuado, utilizando-se o valor da quota da data da cessação do vínculo empregatício com o patrocinador ou do requerimento do participante, quando se tratar de hipótese prevista no parágrafo único do art. 2º" (art. 12). Quer dizer, os valores serão assimilados como se se tratasse de participante comum que ingressasse na entidade com tempo passado.

Finalmente nos planos híbridos, combinando-se as duas disposições (art. 12, III). Quando o nível da portabilidade superar o aporte inicial, duas são as soluções possíveis: a) abater as contribuições futuras ou b) gerar benefício adicional (art. 12, parágrafo único). A mesma Minuta, no art. 14, § 1º, dizia: "Nas hipóteses previstas nos incisos I e III deste artigo, sendo o valor portado superior à dotação atuarial calculada no plano de benefícios cessionário, o participante poderá optar por transferir o excesso em relação à dotação atuarial, para um plano de contribuição definida, caso seja oferecido na Entidade, ou utilizar os recursos para abater contribuições futuras".

CAPÍTULO VII

CARACTERÍSTICAS BÁSICAS

Embora não seja novidade na atual previdência complementar, com previsão genérica no art. 29, V, do Decreto n. 81.402/78 (Regulamento das EAPCs), a portabilidade é solução complexa, com várias circunstâncias a serem apreendidas para tornar possível o seu pleno exercício prático e jurídico.

Além das próprias nuanças da evasão legal de capitais, os regulamentos básicos devem dispor sobre as condições em que ocorrerá a absorção desses numerários, por exemplo, em duas EPC com plano de benefício definido, convindo disciplinar com precisão a adesão, se o participante tem salário menor no plano receptor.

Embora a LBPC tenha cometido várias dezenas de atribuições aos entes supervisores do MPS, a movimentação administrativa da portabilidade não depende de qualquer ato da Secretaria de Previdência Complementar. Quando trata da transferência de patrocínio, de participantes, de planos e de recursos, em seu art. 7º, I/III, §§ 1º/3º, o Decreto n. 4.206/02 garante essa independência do órgão fiscalizador.

71. Conflitos lobísticos

Uns dois anos antes da edição da LC n. 109/01, duas correntes extremadas puseram-se em confronto sem que elas arrefecessem com a regulamentação da Resolução CGPC n. 9/02. O período de carência foi muito contestado pela ANAPAR, a quem parecia ser forma de obstaculizar o procedimento. Que, pelo visto, tinha razão (Resolução CGPC n. 6/03).

Alegando que, até então, os principais regimes financeiros eram de repartição simples e planos de benefício definido, e isso tornaria impraticável ou inconveniente a diminuição do patrimônio das entidades, teóricos contraditaram a implantação da portabilidade, afirmando que ela ameaçaria o equilíbrio financeiro e comprometeria o sistema, particularmente o fechado.

Assinalavam, também, que tal instituto facilitaria a ruptura dos contratos de trabalho de altos executivos e estimularia sua transferência para outras empresas, contrariando a intenção e os investimentos pessoais do primeiro patrocinador de estimular e reter a melhor mão-de-obra.

Por outro lado, a outra escola sustentava o papel libertador da portabilidade e a possibilidade de preservar os planos, revelando o lado moderno de sua efetividade. Potencializando os aspectos positivos da rotatividade. Que sempre seria possível ao administrador diligente rever o desenho dos planos, adequando-os às reais diminuições do patrimônio da entidade gestora. No geral, o sistema ganharia com isso. Aparentemente, a grande questão é que os pensadores do segmento fechado julgaram que a instituição favoreceria o segmento aberto e prova disso a disposição que rege a recepção dos valores por parte de EAPC.

A tramitação da LBPC sofreu o entrechoque dessas mútuas pressões, aliviando os requisitos com a criação de período de carência, vigência e natureza dos planos e outra garantias, deixando o instituto, *ab initio*, com problemas de nascimento e a merecer evolução posterior. Só o tempo apontará a melhor providência e dirá quem estava certo.

O SINDAPP apresentou sugestões gerais sobre o PLC n. 10 e, no tocante à portabilidade, a deseja facultativa ("Projetos de Leis", *in* site SINDAPP.WEB, colhido em 7.11.03 no *http://www.sindapp.com.br/projetos/sugestão-10.aps*).

A esse respeito, *Fernanda Calmon* foi incisiva: "Torna facultativos e não obrigatórios os instituto da portabilidade e benefício diferido" ("Reforma da Previdência, palestra da Presidente da APEP — Associação dos Fundos de Pensão de Empresa Privadas", realizada na Comissão Especial da Câmara dos Deputados, em 26.5.99).

72. Noção econômico-financeira

Aspecto significativo da portabilidade é sua natureza econômica e expressão financeira. Claramente, é indicada pelo conteúdo e vulto monetário; representa quantias em moeda corrente nacional, a serem descritos na lei, aclaradas suas parcelas componentes na regulamentação e bem disciplinadas na convenção do Regulamento Básico, pois, por sua natureza, resta destinada a suscitar dúvidas e dissídios, especialmente no tocante ao *quantum* e finalidade.

Daí a possibilidade de ser expressa não só em dinheiro vivo como em diferentes ativos, entre os quais imóveis, títulos públicos, ações, créditos, etc.

73. Possibilidade jurídica

A portabilidade é direito subjetivo prescrito na lei, presentes alguns pressupostos legais condicionantes e regulamentares. Dessa forma, eventuais dissídios serão submetidos ao Poder Judiciário comum.

Esses conflitos naturais podem ocorrer na liberação do Termo de Portabilidade ou na admissão do montante no novo fundo de pensão, seu conteúdo, nível monetário, e outros aspectos materiais.

Como subprodutos: a indisponibilidade, a eventual irretratabilidade ou irrevogabilidade, a impossibilidade de penhora, mas não a negociação.

74. Opção ao participante

Procedimentalmente, como regulamentado, o instituto obriga o fundo de pensão a oferecer ao segurado as opções legais. Isto é, tem de lhe ser apresentada a possibilidade de resgatar, adotar o *vesting*, permanecer vinculado ou consagrar a portabilidade.

Embora não fixado na lei, essa atitude do titular justifica a existência de termo, pois ambas entidades precisam se preparar.

Nessa oportunidade, podendo-se discutir se será válido ao participante não enveredar por nenhuma das soluções, deixando os capitais acumulados no fundo de pensão sem nenhuma medida tomar. Efetivamente, não há obrigação do titular em optar, o regime de escolha é facultativo.

75. **Intuitu personae**

Como a própria relação jurídica de previdência complementar, o exercício da portabilidade é personalíssimo e depende da vontade do indivíduo, descabendo a entidade receptora recusar-se a aceitar os seus efeitos. Conclusão que não ignora a instituição não poder desequilibrar os planos.

Só o titular poderá decidir, mas claro que mandatários autorizados podem fazer por ele.

76. Condições operacionais

O exercício do direito pressupõe o cumprimento de requisitos pactuados no Regulamento Básico. A Resolução CGPC n. 9/02 disciplinava a emissão do Termo de Portabilidade, mas a Resolução CGPC n. 6/03 omitiu-se.

O titular terá de reunir as exigências legais e regulamentares, cogitando-se, então, da pretensão expectativa de direito, direito e direito adquirido.

77. Função social

A finalidade da portabilidade, tornando possível maior mobilidade dos trabalhadores sem perda dos recursos amealhados, de certa forma liberta-o profissionalmente e aumenta a rotatividade da mão-de-obra. Se a empresa receia perder o técnico terá de compensá-lo para retê-lo, mas, às vezes nem isso resolve a situação.

Insere-se a portabilidade em melhores condições no plano de contribuição definida, aquele que, a princípio, é menos afetado pelo saque de recursos.

Gonzalo Hernández Licona assinala esse papel: "La falta de portabilidad de los beneficios es outro de los factores que actúa en contra de una mayor cobertura de los sistemas de seguridad social nacional. Para tener derecho al cobro de una pensión, el trabajador debe cumplir com un minimo periodo de cotización. En la actualidad, un trabajador que há cotizado para un sistema de seguridad social no puede transferir ese tiempo contabilizado para acceder a su pensión en el sistema de seguridad social al cual debe afiliarse, el trabajador deberá iniciar una vez más su periodo de cotización. Por ejemplo, un empleado que inicialmente trabaja en el sector publico y cotiza en el ISSSTE, pasa al a sector privado, y cotiza en el IMSS (o viceversa), pierde las semanas de cotización acumulada en el primer sistema. Esta situación se presenta cada vez que el trabajador al cambiar de trabajo también cambia de sistema pensionario, sea qual se éste (IMSS, ISSSTE, CFE), o sistemas estatales ("Politicas para promover una ampliación de la cobertura de los sistemas de pensiones: el caso de México", ONU-CEPAL, Santiago de Chile, 2002, p. 15).

78. Plano não contributório

A idéia de que os recursos oferecidos pela patrocinadora deixarão o fundo de pensão, acompanhando o ex-empregado, não é alvissareira para a entidade fechada que não exige contribuição do participante.

Os poucos planos em que o capital provem exclusivamente do empregador tenderão a desaparecer, pois, necessárias assim as contribuições acabarão por assumir caráter salarial.

Nesse plano não contributório a portabilidade equipara-se, no tocante ao nível de valor, a uma espécie de resgate, embora não se identifique com ele.

Este é aspecto que será bastante discutido com a implantação da portabilidade, o mesmo debate histórico sobre a propriedade do resgate.

79. Taxação fiscal

À vista do fato de a portabilidade não representar qualquer ganho patrimonial agregado, embora possa melhorar as condições da complementação em outro plano e, nesse sentido, assemelhar-se a migração, não há previsão legal de tributação do ativo transferido. Nem haveria, porque inexiste ganho real.

Conforme o art. 69, § 2º, da LBPC: "Sobre a portabilidade de recursos de reservas técnicas, fundos e provisões entre planos de benefícios de entidades de previdência complementar, titulados pelo mesmo participante, não incidem tributação e contribuição de qualquer natureza".

80. Fiscalização direcionada

Todo o procedimento relativo à portabilidade submete-se a tripla fiscalização: a) da patrocinadora (ou instituidora) *ex vi legis* (art. 41, § 2º, da LBPC; b) dos entes supervisores ministeriais; e c) dos participantes ativos, assistidos e beneficiários.

A inspeção é autorizada pelo art. 41 da LBPC, que reza: "No desempenho das atividades de fiscalização das entidades de previdência complementar, os servidores do órgão regulador e fiscalizador terão livre acesso às respectivas entidades, delas podendo requisitar e apreender livros, notas técnicas e quaisquer documentos, caracterizando-se embaraço à fiscalização, sujeitos às penalidades previstas em lei, qualquer dificuldade oposta à consecução desse objetivo".

Entre os principais documentos a serem guardados por, no mínimo, dez anos, estão: 1) requerimento do pedido; 2) extrato da conta pessoal; 3) declaração da opção; 4) Termo de Portabilidade; 5) comprovante da transferência dos recursos.

Nos arts. 16/17 a Resolução CGPC n. 9/02 regia a fiscalização por parte da SPC, definindo o dever do cessionário de segregar o valor portado (art. 17).

Sérgio de Andréa Ferreira estudou os limites da ação fiscalizadora, concluindo que "o exercício dos poderes regulador e fiscalizador jamais poderá significar a fragilização das EPCs, mas, sim, o fortalecimento de sua autonomia hígida, de modo que possam, dentro do direito e com eficácia, realizar seus superiores objetivos em prol de seus destinatários que são sua razão de ser: os participantes e assistidos" ("Previdência Complementar: Limites de Fiscalização e de Regulação", *in* Fundos de Pensão em Debate, Brasília Jurídica, 2002, pp. 99/109).

CAPÍTULO VIII

TERMO DE PORTABILIDADE

Além do extrato da conta e da declaração de opção, regulamentando o expediente interno, a Resolução CGPC n. 9/02 previa o documento que instrumentaliza formalmente os procedimentos administrativos para que efetivamente ocorrer a transferência dos recursos: Termo de Portabilidade (art. 9º, parágrafo único, I/VII). Por qualquer motivo que não se sabe, a Resolução CGPC n. 6/03 ignorou esse aspecto, mas ele continua merecendo considerações.

É importante salientar a oportunidade da data do encaminhamento físico do *quantum*, pois ele deve ser atualizado até a véspera da operação por parte do ente emissor. Com isso, o cedente obriga-se a preparar-se para apurar o montante subseqüente ao desfazimento do vínculo empregatício. Destarte, depois da escolha por parte do segurado, estará em condições de fixar a quantia a tempo da elaboração do documento hábil.

O Termo de Portabilidade é título que exprime a relação econômica e financeira decorrente da transferência e, nessas condições, é único, mas sem vedar o titular do direito de obter exemplar para seu controle, entregue mediante recibo. Assim sendo, pelo menos três delas serão necessárias: a segunda para o arquivo da cedente e a terceira para o arquivo da cessionária.

81. Natureza jurídica

Em razão de sua inacessibilidade jurídica, o Termo de Portabilidade não é título comercial de crédito, reduzindo-se a simples ordem de pagamento de valor, a ser efetivada, do patrimônio da cedente para o patrimônio da cessionária. Nos casos mais comuns, de uma conta corrente bancária para outra.

Tem natureza assemelhada à ordem de pagamento à vista de pessoa jurídica para pessoa jurídica, para que a importância constante do título deixe a conta pessoal do segurado num plano (emissor) e ingresse em outra conta, noutro plano (receptor).

Paralelamente, o Termo de Portabilidade funciona como manifestação de vontade do segurado de concordar com essa opção.

82. Qualificação pessoal

O documento conterá os dados pessoais do segurado, entre os quais:

a) nome completo e matrícula;

b) endereço do titular;

c) número da Cédula de Identidade;

d) número do CPF;

e) número do PIS-PASEP;

f) cargo e função na empresa;

g) tempo de serviço declarado no RGPS e, se for o caso, no serviço público;

h) período de trabalho para a antiga patrocinadora;

i) tempo de filiação na entidade cedente;

j) condição de participante ativo.

83. Anuência do interessado

A portabilidade é direito subjetivo; descabe impô-la ao participante e se efetiva somente com a clara, livre e expressa disposição do titular de promovê-la.

Não basta atender os pressupostos legais, conforme as circunstâncias, na oportunidade ele tem o direito de optar pelo *vesting*, resgate e até mesmo pelo autopatrocínio ou nada fazer (quando se presumirá que escolheu o *vesting*).

Nessas condições, o modelo possuirá espaço próprio para a declaração de vontade, indicando o *animus* do segurado, sobrevindo, em seguida, sua assinatura. Ou ela constará do pedido.

84. Individualização da cedente

Faz parte do formulário a razão social da entidade emissora, seu endereço, com a assinatura do seu representante legal (presidente da Diretoria Executiva), importando enumerar o CNPJ da empresa.

Convém assinalar também dados relativos aos atos constitutivos, data de sua aprovação pelo ministério correspondente, endereço, etc. Importa designar a natureza do plano cedente.

85. Identificação da cessionária

Da mesma forma constará a razão social da entidade receptora, seu CNPJ, endereço, aquela EPC a quem se destinam os valores portados.

O inciso IV do parágrafo único do art. 9º da revogada Resolução CGPC n. 9/02 apontava a necessidade de identificação dos planos envolvidos. Se a entidade cedente possuir mais de um deles, registrará em qual a emissão ocorreu, posicionando a data de sua implantação ou aprovação pelos entes supervisores.

Igual vale para o plano receptor, que terá de se identificar.

86. **Quantum** *transportado*

O Termo de Portabilidade configurará com precisão o total do montante a ser transferido, por escrito e por extenso, em moeda corrente nacional, individualizando, separadamente: a) parcela resultante das contribuições vertidas pelo participante e b) parcela resultante das contribuições vertidas pela patrocinadora. Em cada caso, com os frutos das aplicações. E, finalmente, antes do total, especificadamente, os encargos eventualmente deduzidos. Quando se referir à reserva matemática, por ser maior, o seu vulto.

Jacente incerteza quanto às somas ou estarem sendo discutidas administrativa ou judicialmente, tal fato será consignado em campo próprio de observações.

Nada impede a elaboração de adendo ou correspondência anexada relativos à importância faltante, quando configurado o direito, com as explicações devidas.

Embora o extrato seja documento do participante, ele poderá fazer parte do Termo de Portabilidade.

87. Indexadores de atualização

Com base na legislação vigente e no estatuído no Regulamento Básico, indicar-se-ão os indexadores adotados para a atualização dos aportes monetários registrados na conta pessoal do titular.

A Resolução CGPC n. 9/02 silenciava expressamente quanto ao fruto das aplicações, preferindo falar em índices e critérios de atualização, o que nem sempre é mesma coisa.

88. Prazo de transferência

O documento apontará também a data-base da apuração e o prazo fatal para a transferência dos recursos. Com as explicações necessárias, se o tempo medeado entre um e outro fato causar prejuízos financeiros.

89. **Modus operandi**

Além do vulto da transferência, quando for o caso, o documento relatará sua natureza patrimonial, às vezes, pois dar-se-á de não ser expresso em moeda corrente nacional, mas mediante títulos ou bens.

Em se tratando de débito e crédito em conta corrente, quais as agências bancárias, o número do cheque ou da ordem de pagamento.

90. Momento da quantificação

Levando em conta que o valor da portabilidade é liquidável, vale dizer, pode ser aferido em certa data e que ele altera-se para mais ou para menos em razão dos frutos gerados, é necessário fixar o momento de sua decantação para quantificá-lo.

Para tanto é relevante separar os segurados em 4 grupos: I) participante ativo; II) autopatrocinado; III) requerente do *vesting*; e IV) não optante.

Diferentemente da Resolução CGPC n. 9/02, que fixava algumas datas, objeto das considerações abaixo, a Resolução CGPC n. 6/03 preferiu delegar competência dos fundos de pensão: "O regulamento do plano de benefícios deverá dispor sobre a data-base de apuração e a atualização do valor a ser portado, na forma definida pelo órgão fiscalizador" (art. 17). De todo modo, consoante *in fine*, a SPC baixaria instruções sobre esse importante momento.

Levando em conta o disposto nos §§ 1º/2º do art. 7º da Resolução CGPC n. 9/02 e o revogado prazo de cinco dias do seu art. 9º, as soluções poderiam ser:

a) Participante ativo desligado da empresa.

A primeira data será a do desligamento da empresa.

b) Autopatrocinado

Em relação ao segurado em dia será o último dia do mês de competência da contribuição. Para aquele em mora, a data do requerimento da portabilidade.

Não pode ser a data da cessação das contribuições, como queria o art. 7º, § 2º, da Resolução CGPC n. 9/02. Pelo menos por dois motivos. Em primeiro lugar, isso pode ter acontecido há tempos e as contribuições terem agregado frutos das aplicações. Em segundo lugar, as contribuições podem ter se encerrado recentemente com o pagamento de mensalidades acumuladas.

c) Requerente do *vesting*

Em relação a quem optou pelo BPD, será a data do requerimento.

d) Não optante

Não optante é quem não escolheu qualquer das quatro soluções legais. Nesse caso, terá de ser quando fizer a opção.

Em todos as hipóteses, considerando a inflação, as datas anteriores são sopesadas. Se a EPC respeitou os prazos legais e regulamentares. Ocorrendo atraso procedimentais, os valores terão de ser corrigidos monetariamente.

CAPÍTULO IX

ASPECTOS ADMINISTRATIVOS

A implantação da portabilidade, a par das novidades introduzidas no art. 202 da Constituição Federal e sua regulamentação pela LC n. 109/01, implicará em denotado empenho por parte dos gestores dos fundos de pensão, forçando os entes supervisores das duas esferas (CGPC/SPC e CNSP/SUSEP) a sobreesforço normativo e monitorador.

Trata-se de instrumento operacional recente, com poucas fontes científicas consultáveis, experiência singular que surge no ambiente institucional, eivado de perplexidades, e que suscita dúvidas quanto ao expediente intramuros.

O ideal é que a SPC e a SUSEP elaborem cartilha de procedimentos administrativos para uniformizar a instrução interna do Termo de Portabilidade.

Embora da Resolução CGPC n. 9/02 não faça parte o art. 15, § 2º, da sua Minuta ("As entidades poderão manter contas de compensação entre si, desde que os créditos sejam discriminados e individualizados por participante"), nada veda essa iniciativa (que será bastante válida quando da criação dos fundos públicos). Com efeito, havendo rotatividade da mão-de-obra entre duas EFP, elas poderão instituir regras de compensação, de sorte que periodicamente promovam o acerto de contas.

Segundo o art. 18 da Resolução CGPC n. 6/03, a LBPC baixará ato normativo sobre o *modus operandi* da transferência e demais expediente administrativos.

91. Tempo de adaptação

Diante das naturais dificuldades e como não poderia deixar de ser, a administração ministerial fixou prazo para os fundos de pensão fechados adaptarem-se às novas circunstâncias. Até 30.6.04 (CD) e 31.8.04 (demais planos), as EFPCs têm tempo para se estruturarem comportamentalmente, alterando o Regulamento Básico e desenvolvendo a procedimentalística burocrática (art. 10 da Resolução n. CGPC n. 8/04).

Até essa data, a portabilidade não terá validade prática, podendo-se discutir se presente a eficácia jurídica. Isso é, saber se o trabalhador que preencheu os requisitos legais antes do tempo da adaptação, depois dela ocorrer, pode solicitar a providência com efeito retroativo.

Abstraindo debate sobre a validade do art. 32 da Resolução CGPC n. 6/03, de fixar prazo para a eficácia da portabilidade, o termo ali estabelecido é de preparação dos planos e não do exercício do direito. Isto é, uma vez preparadas as entidades, rescisões contratuais anteriores a 29.2.04 e 30.4.04, poderiam liberar os procedimentos.

92. Definição dos critérios

Antes da implantação, vários parâmetros têm de ser estabelecidos pela Diretoria Executiva da EPC, ouvindo-se o diretor de benefícios, o matemático assistente, o contador e o advogado. Entre eles:

a) Pedido da transferência

Atraindo o ônus do participante de elaborá-lo, a entidade modelará o requerimento do pedido da portabilidade. A ser previamente preenchido pela própria entidade, com os dados que dispuser, à exceção da designação do fundo cessionário, cuja identificação fica a cargo do requerente.

b) Termo de Portabilidade

O Termo de Portabilidade conterá todos os elementos necessários à identificação e efetiva realização da relação jurídica.

c) Números do extrato

O extrato será fiel descrição dos capitais acumulados pelo participante, indicando as somas vertidas pelos dois contribuintes (empregado e empregador) com seus valores originais, acompanhados da coluna correspondente à atualização monetária.

d) Modelo da opção

Cientificado da existência dos diversos institutos legais, o documento precisará indicar qual deles é a escolha do segurado, de preferência com menção aos artigos do Regulamento Básico em que disciplinados.

e) Instrução administrativa

São procedimentos internos regentes do encaminhamento da solicitação da portabilidade.

f) Plano de contas

Preparação contábil para a apuração dos valores das contribuições.

g) Meios materiais

Modus operandi da transferência física dos recursos financeiros ou econômicos.

h) Quantificação do montante

Critério jurídico normativo da determinação do valor.

i) Regulamento Básico

Reprodução do texto do Regulamento Básico que dispuser sobre a portabilidade.

j) Cartilha para os usuários

Cartilha própria sobre a portabilidade ou excerto da cartilha do participante do fundo de pensão, tratando dos direitos e obrigações da entidade e do titular.

93. Organização burocrática

A portabilidade impulsionará os gestores dos fundos de pensão, na condição de cedentes, a se organizarem para orientar os participantes definirem a metodologia do *quantum*, elaborarem os formulários rotineiros, obterem os recursos necessários e operacionalizarem, de fato e materialmente, a transferência financeira.

Como cessionários, prepararem-se institucionalmente para receberem os capitais acumulados oriundos de outros fundos de pensão.

94. Procedimento interno

A exemplo da instrução do pedido de benefícios complementares, impor-se-á a implantação da rotina de concessão da portabilidade, incluindo:

a) determinação da data do desligamento;

b) requerimento do pedido;

c) fixação do prazo para a opção;

d) fornecimento do extrato;

e) coleta da escolha;

f) apuração do montante transportável;

g) identificação do fundo cessionário;

h) emissão do Termo de Portabilidade;

i) organização do arquivo de cópias;

j) contabilização do evento.

95. Controle contábil

O plano de contas da entidade será revisto para adaptar-se às circunstâncias da retirada de participantes, possivelmente com a adoção de contas individualizadas, facilitando a tarefa de apurar-se imediatamente o valor da portabilidade. Além de outros determinantes, a escrituração levará em conta essa nova exigência estrutural.

Dita o art. 12 da resolução CGPC n. 6/03: "Para os recursos portados de outro plano de previdência complementar, o plano de benefícios receptor dever manter controle em separado, desvinculado do direito acumulado pelo participante neste plano de benefícios, na forma e condições definidas pelo órgão fiscalizador".

96. Avaliação atuarial

Conforme o regime financeiro e o tipo do plano, o desenho da entidade, diante do fato de recursos capitalizados deixarem subitamente o seu patrimônio, diferentemente do que ocorria quando presente apenas o resgate, o atuário terá de adequar-se a essa realidade, trabalhando com a hipótese dos novos efeitos da rotatividade.

97. Liberação dos recursos

Tradicionalmente os planos estão formatados para o pagamento mensal de prestações em manutenção e eventuais resgates, em alguns casos forçados a rapidamente converter o patrimônio físico ou fiduciário em dinheiro. Com a portabilidade acentua-se a necessidade de haver adequação específica para esse novo mister.

98. Modificação na pactuação

Urge alterar o Estatuto Social e o Regulamento Básico, adequando-o ao disposto nos arts. 14/15 da LBPC. A divisão jurídica ajustará a norma constitucional e da lei complementar, bem como a regra regulamentar aos atos internos da EPC.

Tanto o plano cedente quanto o cessionário terá de se adaptar a nova realidade e, regrando a saída e a entrada dos capitais acumulados, fixando os parâmetros e sistematizando os aspectos formais internos.

99. Acompanhamento jurídico

Portabilidade é matéria disciplinada na lei, regulamentada administrativamente pelos entes supervisores dos dois ministérios, merecendo a atenção especial da área jurídica da EPC.

Além de perfilhar a legislação, carecerá acompanhamento *pari passu* do pensamento da doutrina especializada e o juízo da jurisprudência judiciária.

100. Orientação aos participantes

Entre os deveres dos fundos de pensão, está o de transparentemente ilustrar os participantes ativos, assistidos e seus beneficiários sobre o alcance deste novel instituto técnico. O ideal é fornecer cartilha ao participante, dispondo minuciosamente sobre o seu significado, requisitos e instrumentos, em linguagem simples, acessível a todos.

CAPÍTULO X

PARTICULARIDADES DO SEGMENTO ABERTO

Seguindo a LBPC, que distingue a portabilidade dos valores originários de entidade fechada (arts. 14/15) dos da aberta (art. 27), a regulamentação administrativa da transferência de recursos provenientes de EAPC foi disciplinada em separado do segmento fechado (Resolução CGPC n. 6/04). Tratada, inicialmente, em nível de resoluções do CNSP e, após, por inúmeras circulares da SUSEP. Quase todas, de 2002.

Adotando praticamente o mesmo discurso ministerial, essas instruções sempre aludem ao direito subjetivo como sendo processo que só sobrevirá “Antes da ocorrência do evento gerador” (art. 5º, da Resolução CNSP n. 92/02). Quer dizer, realizada a contingência protegida, a portabilidade perderia eficácia, o que é discutível.

Antes da LBPC, o segmento conhecia a portabilidade no FAPI. Com efeito, além do resgate (art. 9º), diz o art. 3º, § 2º, da Lei n. 9.477/97 que o regulamento deverá dispor, pelo menos, sobre: “VIII — portabilidade, objetivando garantir a possibilidade de transferência de patrimônio individual (quota-parte) de um fundo para outro, decorrido período de no mínimo seis meses”.

Antônio Penteado Mendonça, referindo-se ao segmento aberto e reportando-se aos EUA, sustenta que “a portabilidade é o direito do proprietário do fundo mudar de gestor todas as vezes que estiver insatisfeito ou inseguro. Além de um importante mecanismo de proteção do patrimônio do segurado, a portabilidade é um eficiente acelerador da concorrência entre os operados de previdência privada, já que um fundo mais bem gerenciado significa mais segurança e mais retorno, sendo por isso mais atraente para o consumidor” (“O outro lado da previdência complementar (2)”, *in* OESP de. 5.5.03).

101. Normas vigentes

O primeiro preceito a ser considerado é o art. 27, §§ 1º/2º, I/II, da LC n. 109/01, em que fixados os princípios desse instituto técnico, bastante assemelhados aos postulados dos arts. 14/15 (fundo fechado).

Em decorrência das inovações da LBPC, a SUSEP baixou seguidos comandos técnicos tratando da transferência de depósitos jacentes em entidades abertas. Muitas vezes, revogando normas anteriores.

Atos ordinatórios complexos que adotam disposição regulamentar diferente dos oriundos do CGPC ou da SPC, do MPS. Depois do corpo principal, dividem-se em vários anexos, por sua vez separados por títulos, estes por capítulos e, finalmente, os últimos, por seções. São dispositivos repetitivos, perfilhando confusa modalidade expositiva de normatização.

a) Circular SUSEP n. 138/00

No Cap. V — *Dos Direitos do Grupo de Participantes,* determina-se que "Na hipótese do *caput* deste artigo, deverá ser assegurado ao participante, em caráter excepcional, direito de permanecer no mesmo plano ou a possibilidade de ingresso em plano individual equivalente, com aproveitamento da provisão temática constituída em, neste caso, assinatura de nova proposta de inscrição" (art. 14, § 1º),

b) Circular SUSEP n. 101/99

Reza o art. 10, sob o título Cap. IV — *Da Transferência* que "durante o período de diferimento, deverá ser permitido aos participantes, após 60 (sessenta) dias, a partir da data da inscrição, solicitar transferência de recursos da reserva matemática de benefícios a conceder para outro plano, da mesma entidade ou não".

c) Circular SUSEP n. 186/02

Arrola critérios de funcionamento e de operação dos planos que prevejam a reversão de resultados financeiros.

d) Circular SUSEP n. 210/02

Inclui normas anteriores, tratando da cobertura por sobrevivência oferecida em planos do tipo PGBL que, estruturados na modalidade de contribuição variável, prevejam a remuneração dos recursos da Provisão Matemática de Benefícios a Conceder baseada na rentabilidade de carteira de investimentos de fundos de investimentos especialmente constituídos e revoga a Circular SUSEP n. 183/02.

e) Circular SUSEP n. 211/02

Disciplina a operação dos planos abertos que prevejam a reserva de resultados financeiros e revoga a Circular SUSEP n. 186/02.

f) Circular SUSEP n. 212/02

Relaciona preceitos sobre a cobertura por sobrevivência fornecida em planos de seguro de vida que, estruturados na modalidade de contribuição variável, prevejam a remuneração dos recursos da Provisão Matemática de Benefícios a Conceder, baseada na rentabilidade de carteira de investimentos de fundo de investimento especialmente constituído e revoga a Circular SUSEP n. 172/01.

g) Circular SUSEP n. 213/02

Prevê as coberturas por morte e invalidez oferecidas e revoga a Circular SUSEP n. 138/00.

O exame de todos esses atos normativos, derrogados ou vigentes, propiciará melhor compreensão do fenômeno da mobilidade financeira de capitais, relacionados com portabilidade. Eles ensejam conceito próprio, a ser aprendido em cada circunstância e que permitem conclusões sobre o instituto enfocado.

102. Titularidade do interessado

Em todas essas fontes formais é evidente ser a relação de portabilidade *intuitu personae*, resultando clara a indelegabilidade do domínio jurídico sobre o capital acumulado.

Acentua o art. 32 da Circular SUSEP n. 186/02 que: "A transferência de recursos somente é permitida entre planos cuja titularidade esteja sob o mesmo número do Cadastro de Pessoas Físicas — CPF".

A medida, que é acautelatória, poderá criar problemas para pessoas que, por variados motivos e equívocos, detenham mais de um CPF.

O art. 17 da Circular SUSEP n. 210/02 explicita que a portabilidade se dará mediante solicitação do participante, devidamente registrada na EAPC. Caso o destino dos capitais acumulados seja fundo de pensão em que ele não esteja inscrito, essa providência terá de ser tomada de imediato.

103. Nível da quantia

O *quantum* a ser portado é o "total ou parcial, para outro plano previdenciário, de recursos do saldo da Provisão Matemática de Benefícios a Conceder", segundo o art. 23 da Circular SUSEP n. 186/02.

Em se tratando de plano de benefício definido, somente a movimentação total é permitida (art. 23, § 4º).

O art. 25, I, enuncia como se calcula esse total, dizendo ser na "forma da regulamentação em vigor, no primeiro dia útil subseqüente às respectivas datas determinadas pelo participante".

A parcial será efetivada "considerando o valor ou percentual estipulado pelo participante e com base no saldo da Provisão Matemática de Benefícios a Conceder", adicionando-se "a parcela proporcional do saldo da Provisão Técnica de Excedentes Financeiros" (art. 25, parágrafo único).

Para a Circular SUSEP n. 210/02, a quantia será apurada "considerando o valor ou percentual estipulado pelo participante e com base no valor da Provisão Matemática de Benefícios a Conceder, calculado no primeiro dia útil subseqüente às respectivas datas por ele determinadas".

104. Prazo operacional

Diz o art. 28 da Circular SUSEP n. 186/02: "A EAPC cedente dos recursos deverá efetivar a transferência até o quarto dia útil subseqüente às respectivas datas determinadas pelo participante".

O art. 18 da Circular SUSEP n. 210/02 confirma esse prazo, assim sendo no art. 24 da Circular SUSEP n. 211/02 e art. 28 da Circular SUSEP n. 211/02. As resoluções CNSP ns. 91/02 e 93/92, bem como a Circular SUSEP n. 213/02 não firmaram prazo.

105. Taxa de carregamento

No estudo da composição da contribuição, comparece expressão pouco utilizada fora do campo da atuária: a técnica de carregamento.

Ele diz respeito, em linhas gerais, à separação entre os valores destinado às despesas com a gestão do seguro (administração, comissões de corretagens e outros ônus) e as consumidas com o próprio seguro (contribuição pura).

A Resolução CNSP n. 7/79 havia fixado os percentuais incidentes conforme o regime financeiro, considerados elevados à época. Com a Resolução CNSP n. 11/79 foi criada a taxa de inscrição, mais um componente de carregamento. A respeito de despesas com produção, *marketing*, divulgação e propaganda ver a Res. CNSP n. 10/83. Todos esses índices submetidos à regra do art. 32 da Lei n. 6.435/77.

Segundo o art. 4º da Circular SUSEP n. 186/02, a taxa (ou taxas) de carregamento constará na Proposta de Inscrição e terá seu critério e forma de cobrança estabelecidos na Nota Técnica Atuarial, no Regulamento e, no caso de plano coletivo, também no contrato, especificando o art. 5º que quando do "resgate ou transferência de recursos, proporcionalmente ao saldo do valor nominal das contribuições pagas na forma do art. 1º deste Anexo, contido no montante resgatado ou transferido".

Acrescenta o parágrafo único que "à época da efetivação do resgate ou da transferência, a EAPC deverá informar ao participante, por escrito, quanto do valor resgatado ou transferido refere-se ao valor nominal de contribuições pagas pelo participante ao plano na forma do art. 1º deste Anexo e o respectivo valor de carregamento".

Tanto a Resolução CNSP n. 92/02 (morte e invalidez), quanto a Resolução CNPS n. 93/02 (sobrevivência), em seu art. 6º, do Anexo I e 7º, do Anexo VI, respectivamente vedam a receptora de cobrar o carregamento.

106. Trânsito pelo Participante

Cumprindo o disposto no art. 15, II, da LBPC, da mesma forma como acontece entre as entidades fechadas, a transferência operar-se-á "diretamente entre as EAPCs, ficando vedado que transitem, sob qualquer forma, pelo participante" (art. 28, § 1º, da Circular SUSEP n. 186/02).

Pontua o art. 221 da Circular SUSEP n. 210/02 que "é vedada a portabilidade de recursos entre participantes", figura difícil de ser imaginada que possa ocorrer, sem prejuízo de o segurado adicionar a quantia da portabilidade a capitais acumulados noutro fundo de pensão em que anteriormente inscrito.

Desta forma, tanto um como outro são diretamente agregados ao fundo receptor, onde resgatados ou convertidos em renda.

107. Valores portados

Na hipótese de transferência de recursos financeiros, antes admitidos na cessionária mediante portabilidade pretérita originária de EFPC, isto é, importâncias que provieram de fundo de pensão fechado, a EAPC "deverá informar à entidade cessionária o valor relativo ao montante de recursos transferidos de plano de benefícios de entidades fechadas de previdência complementar" (art. 28, § 2º).

O art. 18, § 2º, da Circular SUSEP n. 210/02, ao final do dispositivo, aclara que deve haver discriminação das "parcelas constituídas por contribuição do patrocinador e do participante".

108. Custo da transferência

Diferentemente da regulamentação da portabilidade fechada, que fala em "descontada a parcela do custeio administrativo, podendo, ainda, ser deduzida aquele inerente aos riscos já decorridos, quando forem de responsabilidade do participante", as normas sobre a portabilidade aberta esmiuçam melhor quais são esses encargos.

Afirma o art. 31 da Circular SUSEP n. 186/02 ser proibido à "EAPC receptora a cobrança de taxa de carregamento sobre valor dos recursos transferidos".

Acresce o art. 33 ser "vedado à EAPC cedente de recursos a cobrança de quaisquer importâncias, exceto as relativas às tarifas bancárias necessárias à transferência, à taxa de saída e ao carregamento postecipado".

Reza o art. 26 que as EAPCs não podem "deduzir do valor transferido o ressarcimento de eventuais déficits por ela cobertos devido à insuficiência de recursos no saldo da Previsão Técnica de Excedentes Financeiros".

O art. 6º da Circular SUSEP n. 186/02 autorizou a mesma SUSEP a fixar o percentual da taxa de saída e pela Circular SUSEP n. 174/01 ele foi estabelecido em 0,38% do percentual dos "valores resgatados e transferidos de planos de previdência complementar aberta e de seguro do ramo vida com cobertura por sobrevivência, conforme regulamentação em vigor" (art. 2º, I).

109. Orientação aos participantes

No Anexo II — *Das Informações Obrigatórias*, sob o Título I — *Da Informação aos Proponentes, Participantes e Assistidos*, o art. 1º da Res. SUSEP n. 186/02 destaca a necessidade de elaboração do material informativo e da publicidade, especialmente falando na taxa de saída (inciso XI), e na tabela de percentuais de carregamento (art. 3º).

Ressalta seu art. 5º que a EAPC deverá fornecer a cada um dos participantes, pelo menos anualmente, entre outras, as seguintes informações com os valores relativos ao período de competência referenciado no extrato e às importâncias pertinentes ao participante: I — denominação do plano precedida da respetiva sigla, quando for o caso; II — número do processo SUSEP; III — denominação e CNPJ do respectivo FIFE; IV — valor das contribuições pagas pelo participante no período de competência referenciado no extrato; V — valor pago pelo participante a título de carregamento no período de competência referenciado no extrato; VI — valor transferido de outro plano (ou planos) previdenciário no período de competência referenciado no extrato; VII — percentual de gestão financeira; VIII — valor da Provisão Matemática de Benefícios a Conceder transferido para outro plano (ou planos) previdenciário no período de competência referenciado no extrato e valor da Provisão Técnica de Excedentes Financeiros que o acompanhou; IX — valor da Provisão Matemática de Benefícios a Conceder resgatado no período de competência referenciado no extrato e, quando for o caso, valor da Provisão Técnica de Excedentes Financeiros que o acompanhou; X — valor pago a título de 'taxa de saída' no período de competência referenciado no extrato, discriminando quanto se refere a valores resgatados e transferidos para outro plano (ou planos) previdenciário; XI — saldo da Provisão Matemática de Benefícios a Conceder a que faz jus o participante consideradas, assinaladas e especificadas as respectivas movimentações ocorridas no período de competência referenciado no extrato (contribuições, remuneração, atualização, reversão de excedentes, resgates, transferências de ou para outros planos previdenciários, incorporação por *vesting*, quando for o caso etc.); XII — demonstrativo, mês a mês, de cálculo do resultado financeiro — excedentes ou déficits — no período de competência, contendo, no mínimo: a) valor da parcela do patrimônio líquido do FIFE relativa à Provisão Matemática de Benefícios a Conceder; b) valor da remuneração pela gestão financeira; c) base de cálculo da performance financeira, ou seja, a diferença entre os valores consignados nas alíneas *a* e *b* deste inciso; e d) resultado da diferença entre o valor mencionado na alínea anterior e o saldo da Provisão Matemática de Benefícios a Conceder consignado, com 'excedente', se positivo, e como 'déficit', se negativo; XIII — saldo da Provisão Técnica de Excedentes Financeiros, consideradas, assinaladas e especificadas as respectivas movimentações ocorridas no período de competência referenciado no extrato (provisionamentos, rendimentos, reversões a Provisão Matemática de Benefícios a Conceder), valores que acompanharam resgate total e transferência total/parcial para outros planos previdenciários e valores utilizados para compensação de déficits; e XIV — valor do imposto de renda retido na fonte sobre cada resgate efetuado no período de competência referenciado no extrato, observada a legislação fiscal vigente".

110. Transferência de recursos

A Circular SUSEP n. 211/02 estabelece os critérios básicos sobre a portabilidade propriamente dita. Opera-se mediante iniciativa do participante.

Observado o período de carência (entre 60 dias e 24 meses), independentemente do número de contribuições pagas, o participante encaminhará o pedido de transferência de recursos financeiros. Deslocamento entre planos da mesma EAPC adotam prazos menores.

Segundo o art. 5º, § 1º, da Resolução CNSP n. 93/02: "A portabilidade não se realiza enquanto não quitadas todas as contraprestações relativas à assistência financeira".

CAPÍTULO XI

INSTITUTOS JURÍDICOS

No bojo da relação jurídica de previdência complementar novo vínculo estabelece-se entre a pessoa física, o titular da portabilidade, isto é, um participante e duas pessoas jurídicas, denominadas cedente e cessionária, gestoras de planos de benefícios (EPCs).

Caberia chamá-la de relação de portabilidade, para especificar que deflui da existência desse direito subjetivo, cuja consumação é condicionada a presença dos requisitos legais e regulamentares.

Tal liame tem essência e contornos jurídicos, envolve várias figuras do Direito Previdenciário complementar, relacionando-se de perto com o Direito Civil, a ciência das finanças, economia e a atuária, etc.

111. Direito subjetivo

Antes mesmo que os fundos de pensão abertos praticassem a transferência de depósitos individuais de um para outro plano, interno e externo à entidade, na esfera da previdência social pública, desde a Lei n. 3.841/60, com alguma semelhança de idéias, sucedia a contagem recíproca de tempo de serviço. Que evoluiu com as Leis ns. 6.226/75 e 8.213/91 (arts. 94/99). Representava, agora com a Lei n. 9.676/99 mais ainda, a translação de numerário de um regime para outro (*in casu*, do serviço público para a iniciativa privada e vice-versa).

Então, ficou evidente a possibilidade de o tempo de serviço do RGPS ser computado nos órgãos públicos, para fins de todos os benefícios, sobrevindo regras financeiras de acerto de contas entre os pólos da relação em 1999.

Ao instituí-lo nas entidades fechadas (arts. 14/15) e reciclar o das abertas (art. 27), depois de fixar alguns pressupostos exigíveis, a LC n. 109/01 disciplinou a pretensão legal a esse deslocamento jurídico de recursos. Relação deflagrada com a pretensão do pertencente ao plano (a), a expectativa de próximo da realização das condições (b), com direito, garantido pelo pleno atendimento dos requisitos legais pactuados (c), bem como aquele com direito adquirido (d), isto é, exercendo a portabilidade a destempo.

Nessas condições, quem atende às determinações da lei faz jus a movimentar os meios financeiros como nu-proprietário da quantia, despido do domínio sem poder acessar a soma pecuniária. Trata-se de particularidade do sistema privado, atualmente inexistente no bojo do RGPS (vedação vigente desde 1960, quando a LOPS eliminou a restituição de contribuições devidas) ou no regime de servidor público. Destarte, para a previdência complementar, embora com algumas restrições de uso, o participante seria "dono" das cotizações vertidas e das aportadas pela patrocinadora, e delas dispõe em algumas circunstâncias. Tal concepção, mais verdadeira ainda no segmento aberto, estranha um pouco às idéias de previdência social, mutualismo e à solidariedade inerentes da proteção social, conferindo-lhe indesejável configuração de poupança e de aplicação financeira.

Investido nas condições legais e em alguma cláusula compatível com a lei, desenhado o instituto no Regulamento Básico, o titular habilita-se a transportar suas reservas técnicas do seu fundo de pensão para outro.

Uma palavra em relação ao participante com direito adquirido. Para o art. 14 da Resolução CGPC n. 6/03, quem está sob risco iminente não transportaria o capital acumulado.

Segundo alguns estudiosos, estas importâncias pertenceriam à seguradora (*sic*). A construção é cerebrina, todo o tempo as contribuições fazem parte do patrimônio da entidade (*in casu*, cedente) e só nas hipóteses legais passam às mãos do contribuinte. E com a natureza de complementação. Se o titular tem o poder de renunciar à percepção das prestações no fundo cessionário, em face dos arts. 14/15 e 27 da LBPC, promovidos os ajustes necessários, por que não poderia recebê-las num fundo de sua escolha?

No fundo, a única alegação afirmada é destituída de valor científico, para pagar as mensalidades, a entidade utilizar-se-ia de aplicações facilmente convertíveis em pecúnia, mas para isso tem de estar todo o tempo preparada (até para quitar as obrigações usuais).

112. Prática da opção

Operante o princípio constitucional da transparência, para não pairar dúvidas quanto as pretensões do titular, a EPC força-se a dar ciência do espectro do seu direito mais amplo, tornando possível ao participante escolher o que melhor lhe aprouver. Quer dizer, é preciso que o segurado tenha plena consciência das faculdades preceituadas na legislação e possa exercitá-las.

Admitindo-se, *ad argumentandum*, que os segurados em risco iminente e os aposentados não possam se utilizar do instituto enfocado, diante da existência de, pelo menos, quatro providências à disposição do participante (portabilidade, *vesting*, resgate e vinculação), nasce a possibilidade de o interessado adotar uma dessas soluções. Com ela, a faculdade da opção a ser assegurada em cada caso e consoante a regulamentação interna do fundo de pensão.

Por isso, a Resolução CGPC n. 9/02 oferecia prazo de 60 dias para o titular se manifestar, depois de ter ciência exata e pormenorizada do montante acumulado, por meio do extrato de sua conta pessoal e do significado dos demais instrumentos de proteção à sua disposição. Prazo inexistente na lei e que desapareceu na Resolução CGPC n. 6/03.

Escolher (ou não escolher) é outro direito subjetivo do titular da relação jurídica, podendo-se discutir o prazo antes estabelecido pela norma administrativa, que não consta da lei e por ser de grande relevância diante da decadência dos direitos previdenciários envolvidos.

A transparência do sistema exige que o participante desfrute de conhecimento amplo das peculiaridades do cardápio (principalmente o acesso ao nível da importância), que conheça os fundamentos dos dois planos, especialmente se o da emissora é de benefício definido, hipótese em que suas perdas podem ser maiores. Que não ignore o papel do aporte inicial no plano receptor. O benefício pactuado com o fundo receptor poderá ser melhor ou pior do que aquele em que antes estava inscrito; raramente serão iguais as premissas de realização de cada um deles. Importa saber disso com profundidade.

Cumprida a carência, especialmente na fase de transição da LBPC, significa que o trabalhador possui respeitável tempo de serviço e pode estar próximo da aposentação em cada caso. Também deve ser levada em conta a base de cálculo da remuneração no empregador: será menor ou maior, alterando-se *ipso facto*, a situação.

Em alguns casos talvez seja melhor deixar os capitais acumulados no primeiro plano (cedente) e manter-se ali como vinculado, não aderindo ao segundo plano (cessionário), até porque o participante não é obrigado a aderir a nova entidade.

A doutrina não deve abstrair da obrigatoriedade da opção pelas 4 fórmulas oficiais. O participante eventualmente não as desejará, preferindo deixar a situação como está (sem resgatar, promover o *vesting* ou autopatrocinar-se), abrindo-se questionamento sobre o prazo para tomar a decisão.

113. Decadência do direito

Não é da história da previdência social o perecimento do direito às suas prestações, exceto nas condições expressamente estabelecidas na lei (extinção do benefício de pagamento único e, em certo prazo, o decaimento de algumas mensalidades). O princípio superior cogente é o da imprescritibilidade das pretensões. O que não deixa de ser convenção histórica positivada, uma vez que essa relação jurídica também suscita o *dormientibus non sucurrit jus*.

Preenchidos os pressupostos legais e administrativos, não há termo para o exercício da faculdade suceder. O prazo de cinco anos, previsto no art. 75 da LBPC, refere-se às prestações e a portabilidade não é benefício previdenciário, aplicando-se, à espécie, por analogia, a disposição do art. 68, § 1º, quando ele regra: "Os benefícios serão considerados direito adquirido do participante quando implementadas todas as condições estabelecidas para elegibilidade consignadas no regulamento do respectivo plano".

Dessa forma, rompido o vínculo empregatício com a patrocinadora, diante do leque oferecido, a rigor o participante não estaria obrigado a escolher qualquer uma daquelas indicações, embora isso não seja recomendável. O prazo de 60 dias era útil, embora diminuto, sem ser legal. Imagine-se a limitação à pretensão, se o trabalhador não consegue novo emprego...

Esse prazo (art. 8º da Resolução CGPC n. 9/02), contados após os 30 dias da recepção do extrato, para efetivar a opção não constava da norma legal e, nessa altura, em muitíssimos casos, o trabalhador ainda nem se filiou a novo fundo de pensão. Tal termo, ou outro mais largo, constante da lei, só poderia ser mensurado a partir da admissão no fundo receptor.

Segundo o art. 14 da Resolução CGPC n. 6/03, não haverá direito à portabilidade, se o participante está em risco iminente. Não se atina com a razão jurídica que fundamente essa posição, porque o administrador, o atuário e advogado têm condições de criar os mecanismos necessários para que o exercício do direito se consume noutro plano. Bastará estabelecer preceitos para isso.

O que impediria alguém com direito à complementação, que tem o vínculo empregatício rompido com a patrocinadora, capaz de integralizar o aporte inicial na entidade do novo fundo de pensão, ali se adequando ao Regulamento Básico?

114. Recusa da entidade

Questão jurídica e doutrinária, nas várias circunstâncias que podem ocorrer, diz respeito à recusa do cessionário de assumir os compromissos com o participante, decorrentes da assunção dos valores recebidos. O problema é legal e deveria constar da LBPC (ou de lei posterior).

Dizia o art. 10 da Resolução CGPC n. 9/02: "As entidades fechadas de previdência complementar não podem se recusar a receber valores portados de participante que tenha vínculo empregatício com patrocinador do plano de benefício receptor, exceto na hipótese do participante não integralizar o valor do aporte inicial". A Resolução CGPC n. 6/03 preferiu silenciar a respeito, mas a idéia permanece.

A rejeição é teoricamente inadmissível para o sistema e contraria a criação da portabilidade. Mesmo na hipótese prevista pela administração, a aceitação deveria suceder, preferindo-se que o plano de benefício fosse autorizado, se é que a permissão é necessária, a preparar-se para receber o novo participante, fixando regras próprias e distinguindo situações.

Diante do comando legal e até mesmo com afetação do plano (se a disposição legal não for suficiente para preservá-lo, nos casos em que ele é atingido), descabe ao cedente impedir a formalização do requerimento e encaminhar os recursos monetários do participante para fora do plano da entidade.

Não só a entidade emissora do Termo de Portabilidade está impedida de se recusar a elaborá-lo ou deixar de tomar as providências necessárias para a culminação da transferência como, da mesma forma, a organização receptora não tem capacidade de rejeitar os mencionados recursos.

Para tanto, ambas, particularmente a cessionária (mas também a cedente), preverão as condições para a definição da inscrição de participantes provenientes de outros fundos portando recursos. Claro, enquanto isso não acontece, o interessado será induzido a permanecer como vinculado até que o novo fundo possa recepcioná-lo.

115. Ausência de convenção

Acontece, às vezes, de o Regulamento Básico da emissora do título relativo à portabilidade não dispor normativamente sobre o assunto, inexistindo previsão convencionada a respeito do transporte dos meios financeiros, descumpridos os prazos para a regulamentação formulados pelo MPS.

Sem disciplina, ainda assim, terá de ser atendido o direito do participante afastado do empregador e da entidade, cabendo à EFPC tomar as medidas necessárias. Se não a acatar administrativamente, terá de providenciá-la por via judicial.

Defende-se a idéia da definição de quantia provisória, que seja conservadora, até que a matéria seja regrada, impondo-se a implementação *a posteriori*.

Às vezes, por outro lado, o plano cessionário não terá condições formais de receber a importância, reclamando-se providências da SPC para regular o cenário.

116. Cessionário sem plano

Deixando o último empregador, diante da possibilidade de ter de se afastar da entidade em que inscrito, às vezes o empregado se transfere para empresa sem fundo de pensão. Nesse caso, embora não referido como condição, faltante o plano cessionário, não há como exercitar o direito inerente à portabilidade.

Olvidando poder resgatar, medida que não é previdenciária por natureza, ele tem à disposição o benefício proporcional diferido (*vesting*), o que não é recomendável; o ideal será manter-se vinculado, recolhendo as duas partes e, mais tarde, caso o novo empregador venha finalmente a patrocinar um fundo fechado, ele, finalmente, culmine a operação antes desejada.

Nesse caso, permitido pela legislação, caberia triangulação, passando os capitais por entidade aberta e, posteriormente, implementada a terceira EFPC, realizar-se a portabilidade.

117. Indisponibilidade do valor

A movimentação dos recursos acumulados acontece formalmente mediante a emissão do Termo de Portabilidade, a ele associando-se o deslocamento jurídico do correspondente em moeda corrente nacional, cheque, ordem de pagamento ou transferência de título ou propriedade.

Diferentemente do RGPS, em virtude de sua natureza na previdência complementar (seguro, poupança e aplicação), o participante sente-se um nu-proprietário do acumulado e, por isso, em certas circunstâncias, dispõe de fração dele na forma de restituição (resgate).

Entretanto, na portabilidade o titular do direito de transferência nesse momento não pode consumir o *quantum*, que deixa o patrimônio de um plano e agrega-se a outro plano, envolvendo entidades distintas.

Tendo em vista oferecer liberdade de escolha ao participante, quando do rompimento do vínculo empregatício e afastamento da EFPC, a portabilidade não propicia acesso ao montante. Ele toma conhecimento do seu total no curso do tempo, avalia-o, discute o nível, aceita-o, mas não dispõe dele. Nessas condições, permanece a quantia como se estivesse depositada, apenas transferido o detentor do numerário.

Um dos aspectos jurídicos mais relevante da portabilidade reporta-se à ausência da faculdade, repete-se *ad nauseam,* de não acessar o numerário, isto é, sem nenhuma permissão para apropriá-lo.

Nisso difere do resgate, modalidade de apreensão das contribuições aportadas por parte do participante, quando o titular desfruta inteiramente do capital, podendo desembolsá-lo, adquirindo um plano de previdência ou consumi-lo não previdenciariamente.

Logo o *quantum* não pode ser cedido, prometido, dado como garantia, seqüestrado ou penhorado, enfim, ele resta sem utilidade comercial ou civil, idéia que o art. 16 da Resolução CGPC n. 6/03 confirma (art. 15, II, da LBPC).

118. Irretratabilidade da decisão

Diz o parágrafo único do art. 10 da Resolução CGPC n. 6/03, que o direito à portabilidade é irretratável. Quer dizer, na visão da Administração Pública, uma vez optando o segurado pela transferência dos recursos, ele não mais poderia escolher o resgate, adotar o *vesting* ou deixar os valores no primeiro fundo de pensão, definindo-se por ser um participante vinculado.

A norma peca em sua substância científica, e formalmente. Determinação dessa natureza consta da lei ou não existe. Tecnicamente é descabida porque a portabilidade é direito subjetivo do titular. Por que não desistiria da operação, se o sistema, sob esse aspecto, lhe oferece espectro de enorme liberdade?

No caso dele ter se equivocado, por falta de transparência dos diferentes planos, e descobrir ser preferível manter os capitais acumulados no plano cedente, inscrever-se-ia como vinculado.

Se a transferência administrativa tem custo operacional, arrependendo-se o titular do direito, que ele arque com as despesas, mas obstar-lhe a mudança de idéia, é destituído de sentido. Para isso, é claro, *de lege ferenda*, tem de haver prazo fatal. Depois de inscrito no plano receptor não há amparo legal para o arrependimento. O que ele pode é, se possível, tentar retornar ao trabalho na primeira patrocinadora.

119. Regras de interpretação

Dúvidas jacentes na aplicação da LBPC são de natureza previdenciária e têm de ser dirimidas segundo a hermenêutica própria da disciplina jurídica do Direito Previdenciário.

A par de outros dissídios, entre os quais, os relativos à decantação atuarial da importância quando de regime financeiro de repartição simples e plano de benefício definido, grassará séria discussão sobre quais postulados válidos.

Para *Anselmo Prieto Alvarez,* será a legislação de consumo, em particular o Código de Defesa do Consumidor ("A Previdência Complementar como relação de consumo", *in* Jornal do 3º Congresso Brasileiro de Previdência Complementar, LTr Edit., SP, 2003, pp. 16/18).

Diferente é o pensamento de *Lygia Maria Avena* ("Da Inaplicabilidade do Código de Defesa do Consumidor no Âmbito das EFPC", *in* "Fundos de Pensão em Debate", Brasília Jurídica, 2002, pp. 47/71).

João Paulo Rodrigues da Cunha separa a interpretação conforme o segmento: as fechadas, não caberia o CDC, mas para as abertas, sua invocação é válida (Ob.cit.).

Embora sem ser benefício previdenciário *stricto sensu*, criado como instituto jurídico libertador do segurado, aproxima-se da interpretação extensiva. Por ser vantagem pessoal não caberia a exegese própria da área de custeio, embora questões relativas ao nível do numerário não possam ser conduzidas restritivamente.

120. Justiça competente

Portabilidade é instituto técnico previdenciário, não classificado propriamente como benefício, assumindo a condição de meio protetivo atípico, a justiça competente é a mesma que aprecia os conflitos da relação jurídica complementar, ou seja, a justiça comum. As pessoas envolvidas na relação jurídica são uma física e duas jurídicas (plano ou entidade), sem a presença do empregador ou do Estado. Via de conseqüência é afastada a Justiça do Trabalho e a Justiça Federal, mas se o dissídio referir-se à atuação dos dois ministérios envolvidos, dirá respeito à Justiça Federal. Ainda que haja débito do patrocinador, o crédito do participante é em relação à EFPC e não ao empregador.

APÊNDICE

LEI COMPLEMENTAR N. 109, DE 29.5.01 (EXCERTOS)

Dispõe sobre o regime de Previdência Complementar e dá outras providências.

....

Art. 14. Os planos de benefícios deverão prever os seguintes institutos, observadas as normas estabelecidas pelo órgão regulador e fiscalizador:

I — benefício proporcional diferido, em razão da cessação do vínculo empregatício com o patrocinador ou associativo com o instituidor antes da aquisição do direito ao benefício pleno a ser concedido quando cumpridos os requisitos da elegibilidade;

II — portabilidade do direito acumulado pelo participante para outro plano;

III — resgate da totalidade das contribuições vertidas ao plano pelo participante, descontadas as parcelas do custeio administrativo, na forma regulamentada;

IV — faculdade de o participante manter o valor de sua contribuição e a do patrocinador no caso de perda parcial ou total da remuneração recebida, para assegurar a percepção dos benefícios nos níveis correspondentes àquela remuneração ou em outros definidos em normas regulamentares.

§ 1º Não será admitida a portabilidade na inexistência de cessação do vínculo empregatício do participante com o patrocinador.

§ 2º O órgão regulador e fiscalizador estabelecerá período de carência para o instituto de que trata o inciso II deste artigo.

§ 3º Na regulamentação do instituto previsto no inciso II do *caput* deste artigo, o órgão regulador e fiscalizador observará, entre outros requisitos específicos, os seguintes:

I — se o plano de benefícios foi instituído antes ou depois da publicação desta Lei Complementar;

II — a modalidade do plano de benefícios.

§ 4º O instituto de que trata o inciso II deste artigo, quando efetuado para entidade aberta, somente será admitido quando a integralidade dos recursos financeiros correspondentes ao direito acumulado do participante for utilizada para a contratação de renda mensal vitalícia ou por prazo determinado, cujo prazo mínimo não poderá ser inferior ao período em que a respectiva reserva foi constituída, limitado ao mínimo de quinze anos, observadas as normas estabelecidas pelo órgão regulador e fiscalizador.

Art. 15. Para efeito do disposto no inciso II do *caput* do artigo anterior, fica estabelecido que:

I — a portabilidade não caracteriza resgate; e

II — é vedado que os recursos financeiros correspondentes transitem pelos participantes dos planos de benefícios, sob qualquer forma.

Parágrafo único. O direito acumulado corresponde às reservas constituídas pelo participante ou à reserva matemática, o que lhe for mais favorável.

....

Art. 27. Observados os conceitos, a forma, as condições e os critérios fixados pelo órgão regulador, é assegurado aos participantes o direito à portabilidade, inclusive para plano de benefício de entidade fechada, e ao resgate de recursos das reservas técnicas, provisões e fundos, total ou parcialmente.

§ 1º A portabilidade não caracteriza resgate;

§ 2º É vedado, no caso de portabilidade:

I — que os recursos financeiros transitem pelos participantes, sob qualquer forma; e

II — a transferência de recursos entre participantes.

....

Art. 69. As contribuições vertidas para as entidades de previdência complementar destinadas ao custeio dos planos de benefícios de natureza previdenciária, são dedutíveis para fins de incidência de imposto sobre a renda, nos limites e nas condições fixadas em lei.

§ 1º *Omissis.*

§ 2º Sobre a portabilidade de recursos de reservas técnicas, fundos e provisões entre planos de benefícios de entidades de previdência complementar, titulados pelo mesmo participante, não incidem tributação e contribuições de qualquer natureza.

DECRETO N. 4.206/02 (EXCERTOS)

Dispõe sobre o regime de previdência complementar no âmbito das entidades fechadas.

....

Art. 36. A infração a qualquer disposição da Lei Complementar n. 109, de 2001, ou deste Decreto sujeita o infrator, conforme o caso, às seguintes penalidades administrativas:

I — advertência;

II — suspensão do exercício de atividades em entidades de previdência complementar pelo prazo de até cento e oitenta dias;

III — inabilitação pelo prazo de dois a dez anos, para o exercício de cargo ou função em entidades de previdência complementar, sociedades seguradoras, instituições financeiras e no serviço publico; e

IV — multa de R$ 2.000,00 (dois mil reais) a R$ 1.000.000,00 (um milhão de reais).

Parágrafo único. A penalidade de multa prevista no inciso IV do *caput* será:

I — imputada ao agente responsável podendo solidariamente a entidade fechada, assegurado o direito de regresso; e

II — aplicada à entidade fechada quando a infração, por sua natureza, não for passível de imputação à pessoa física que lhe deu causa.

Art. 37. Constituem infrações sujeitas às penalidades previstas neste Decreto as seguintes condutas praticadas por pessoas físicas ou jurídicas:

....

V — deixar de fornecer aos participantes de plano de benefício o certificado de participante, cópia do regulamento atualizado, material explicativo em linguagem simples e precisa ou outros documentos especificados em lei ou regulamento;

....

IX — deixar de incluir no plano de benefício os institutos garantidos na Lei Complementar n. 109, de 2001, observada a forma regulamentada, ou cercear a faculdade de seu exercício pelo participante.

....

Art. 42. Até que seja publicada a lei de que trata o art. 5º da Lei Complementar n. 109, de 2001, compete:

....

II — ao órgão regulador:

....

d) estabelecer normas complementares para os institutos da portabilidade e do benefício proporcional diferido, garantidos aos participantes.

RESOLUÇÃO CGPC N. 9, DE 27.6.02 (REVOGADA PELA RESOLUÇÃO CGPC N. 6/03)

Dispõe sobre o instituto da portabilidade em planos de benefícios de entidades fechadas de previdência complementar instituídos por patrocinadores.

O Plenário do Conselho de Gestão da Previdência Complementar, em sua 66ª Reunião, realizada no dia 27 de junho de 2002, no uso das atribuições que lhe confere o art. 5º, e tendo em vista o *caput* do art. 14, todos da Lei Complementar n. 109, de 29 de maio de 2001, resolve:

Art. 1º. Disciplinar o instituto da portabilidade em planos de benefícios de entidades fechadas de previdência complementar instituídos por patrocinadores.

CAPÍTULO I — DAS DEFINIÇÕES

Art. 2º. Para efeito desta Resolução entende-se por:

I — portabilidade: instituto que faculta ao participante, nos termos da lei, portar os recursos financeiros correspondentes ao seu direito acumulado para outro plano de benefícios operado por entidade de previdência complementar ou sociedade seguradora autorizada a operar planos de benefícios de previdência complementar;

II — direito acumulado: reservas constituídas pelo participante ou a reserva matemática, o que for mais favorável;

III — reserva constituída pelo participante: valor acumulado das contribuições vertidas ao plano pelo participante, ajustado de acordo com o regulamento do plano de benefícios, descontada a parcela do custeio administrativo, podendo, ainda, ser deduzida aquela inerente aos riscos já decorridos, quando forem de responsabilidade do participante;

IV — reserva matemática: valor acumulado de acordo com as regras do plano de benefícios originário vigente na data da formalização da opção pela portabilidade, e constituído com base nas contribuições do participante e do patrocinador, observadas as regras de capitalização mínima fixadas pelo órgão regulador e fiscalizador;

V — plano de benefícios originário: aquele do qual serão portados os recursos financeiros que representam o direito acumulado;

VI — plano de benefícios receptor: aquele para o qual serão portados os recursos financeiros que representam o direito acumulado;

VII — aporte inicial; valor a ser exigido quando da inscrição do participante no plano de benefícios receptor, nos termos da nota técnica atuarial e do regulamento.

CAPÍTULO II — DAS NORMAS GERAIS SOBRE A PORTABILIDADE

Seção I — Dos Requisitos para a Portabilidade

Art. 3º. A portabilidade é direito do participante, vedada sua cessão sob qualquer forma.

Parágrafo único. O direito à portabilidade será exercido em caráter irrevogável e irretratável.

Art. 4º. A opção pela portabilidade somente poderá ser exercida:

I — após a cessação do vínculo empregatício do participante com o patrocinador;

II — antes do participante implementar as condições estabelecidas para a elegibilidade ao benefício de prestação programada e continuada oferecido pelo plano; e

III — após cumprido o prazo de carência estabelecida no regulamento do plano de benefícios originário, obedecido o disposto no art. 5º desta Resolução.

Parágrafo único. O disposto no inciso II deste artigo, não se aplica aos casos de elegibilidade a benefício de aposentadoria programada antecipada.

Art. 5º. O regulamento do plano de benefícios deverá dispor sobre a carência ao direito à portabilidade, observados os requisitos a seguir:

I — até cinco anos de vinculação do participante ao plano, nos planos de benefícios instituídos após 30 de maio de 2001;

II — até dez anos de vinculação do participante ao plano, nos planos de benefícios instituídos até 30 de maio de 2001.

Parágrafo único. É vedado estabelecer prazo de carência para portabilidade de recursos portados a planos de benefícios.

Art. 6º. Será facultado à entidade estabelecer no regulamento do plano de benefícios prazo adicional de carência, de até três anos, a contar de 30 de maio de 2001.

Seção II — Do Exercício do Direito e dos Procedimentos Administrativos

Art. 7º. A entidade que opera o plano de benefícios originário fornecerá extrato ao participante, no prazo máximo de trinta dias, contados da data de cessação do vínculo empregatício ou da data da cessação das contribuições ao plano de benefícios, referente a cada plano de benefícios ao qual esteja vinculado, contendo:

I — valor do direito acumulado, apresentando, no mínimo:

a) valor da reserva constituída pelo participante;

b) valor da reserva matemática;

II — indicação dos critérios e índices que serão utilizados para atualização dos valores objeto de portabilidade, que não poderão ser inferiores àqueles estabelecidos pelo órgão fiscalizador;

III — valor do resgate, bruto e líquido de tributos;

IV — data de elegibilidade ao benefício proporcional diferido;

V — valor do benefício proporcional diferido, para os planos estruturados na modalidade de benefício definido;

VI — valor do benefício proporcional diferido estimado com base na reserva matemática, para os planos estruturados na modalidade de contribuição definida e para planos de benefícios estruturados em modalidade que contemple características de benefício definido e contribuição definida;

VII — valor da contribuição que o participante verteria em substituição à do patrocinador e taxa de administração que passaria a pagar, caso venha a optar pela manutenção de sua inscrição no plano de benefícios; e

VIII — saldo de eventuais dívidas do participante junto à entidade.

§ 1º No caso do participante que tenha optado pela manutenção da sua contribuição e a do patrocinador, o extrato deverá ser expedido no prazo de trinta dias, contados da data do requerimento do participante.

§ 2º Os valores referidos nos incisos deste artigo devem ser apurados na data da cessação do vínculo empregatício ou, no caso do § 1º, da data da cessação das contribuições ao plano de benefícios.

Art. 8º. Após o recebimento do extrato referido no art. 7º desta resolução, o participante terá o prazo máximo de sessenta dias para formalizar sua opção por um dos institutos a que se refere o art. 14 da Lei Complementar n. 109, de 2001, mediante o protocolo de Termo de Opção, observadas as regras estabelecidas pelo órgão fiscalizador.

Parágrafo único. A opção do participante pelo benefício proporcional diferido ou pela manutenção da sua contribuição e a do patrocinador não impede o posterior exercício da portabilidade e dos demais institutos previstos na lei.

Art. 9º. A entidade que opera o plano de benefícios originário encaminhará Termo de Portabilidade, devidamente preenchido, à entidade que opera o plano de benefícios receptor, no prazo máximo de cinco dias úteis, contados da data do protocolo do termo de opção.

Parágrafo único. O Termo de Portabilidade conterá, obrigatoriamente:

I — a identificação e anuência do participante;

II — a identificação da entidade que opera o plano de benefícios originário, com a assinatura do seu representante legal;

III — a identificação da entidade que opera o plano de benefícios receptor;

IV — a identificação dos planos de benefícios originário e receptor;

V — o valor a ser portado constante do extrato, discriminadas as parcelas constituídas por contribuições do participante e por contribuições do patrocinador;

VI — indicações dos critérios e índices que serão utilizados para sua atualização até o último dia útil anterior ao da efetiva transferência dos recursos; e

VII — prazo para transferência dos recursos entre as Entidades que operam os planos de benefícios originário e receptor.

Art. 10. As entidades fechadas de previdência complementar não podem se recusar a receber valores portados de participante que tenha vínculo empregatício com patrocinador do plano de benefício receptor, exceto na hipótese do participante não integralizar o valor do aporte inicial.

CAPÍTULO III — DOS VALORES A SEREM PORTADOS

Seção I — Bases Técnicas Referenciais

Art. 11. Os critérios para o cálculo da reserva matemática para fins de portabilidade serão definidos pelo órgão fiscalizador.

Art. 12. A entidade fechada de previdência complementar que opera plano de benefícios receptor indicado em Termo de Portabilidade observará o seguinte:

I — no plano de benefício definido, os recursos financeiros serão utilizados para pagamento do aporte inicial calculado nos termos da técnica atuarial;

II — no plano de contribuição definida, os recursos financeiros portados serão transformados em quotas, pelo valor vigente na data da efetiva disponibilidade para a entidade que opera o plano de benefícios receptor; e

III — no plano de benefícios estruturado em modalidade que contemple características de benefício definido e de contribuição definida, os recursos financeiros I e II.

Parágrafo único. Nas hipóteses previstas nos incisos I e III deste artigo, quando o valor portado for superior ao aporte inicial calculado no plano de benefícios receptor, os recursos serão utilizados, preferencialmente, para abater contribuições mensais futuras a serem recolhidas pelo participante ou gerar um benefício adicional.

Seção II — Dos Recursos Financeiros

Art. 13. É vedado que os recursos financeiros transitem pelos participantes dos planos de benefícios, sob qualquer forma.

Art. 14. Os recursos financeiros serão transferidos de um plano de benefícios para outro, no dia útil subseqüente ao do encaminhamento do Termo de Portabilidade.

Art. 15. O órgão fiscalizador poderá autorizar, em casos excepcionais, devidamente justificados, que os recursos objeto de portabilidade sejam transferidos parceladamente.

Seção III — Da Fiscalização e Contabilização

Art. 16. As entidades fechadas de previdência complementar deverão disponibilizar ao órgão fiscalizador, quando solicitado, toda a documentação envolvida no processo de portabilidade.

Art. 17. As entidades manterão registro segregando o valor portado daquele constituído no plano de benefícios receptor, mantendo controle, em ambos os casos, das parcelas constituídas por participante e por patrocinador, ou patrocinadores, discriminadamente.

CAPÍTULO IV — DAS DISPOSIÇÕES FINAIS

Art. 18. As entidades fechadas de previdência complementar terão o prazo até 31 de julho de 2003 para adaptar seus planos de benefícios ao disposto nesta Resolução.

Art. 19. O órgão fiscalizador fica autorizado a adotar medidas e formalizar instruções complementares que se fizeram necessárias à execução do disposto nesta Resolução. ___________

Art. 20. Esta Resolução entra em vigor na data de sua publicação.

José Cechin

RESOLUÇÃO CGPC N. 6, DE 30 DE OUTUBRO DE 2003

Dispõe sobre os institutos do benefício proporcional diferido, portabilidade, resgate e autopatrocínio em planos de entidade fechada de previdência complementar.

O PLENÁRIO DO CONSELHO DE GESTÃO DA PREVIDÊNC'A COMPLEMENTAR, em sua 75ª Reunião Ordinária, realizada no dia 30 de outubro de 2003, no uso de sua competência que lhe confere o art. 5º e o art. 74 da Lei Complementar n. 109, de 29 de maio de 2001 e o art. 1º do Decreto n. 4.678, de 24 de abril de 2003, resolve:

Art. 1º Disciplinar os institutos do benefício proporcional diferido, da portabilidade, do resgate e do autopatrocínio em planos de entidades fechadas de previdência complementar.

CAPÍTULO I

DO BENEFÍCIO PROPORCIONAL DIFERIDO

Seção I

Das Disposições Gerais

Art. 2º. Entende-se por benefício proporcional diferido o instituto que faculta ao participante, em razão da cessação do vínculo empregatício com o patrocinador ou associativo com o instituidor antes da aquisição do direito ao benefício pleno, optar por receber, em tempo futuro, o benefício decorrente dessa opção.

Art. 3º. A opção do participante pelo benefício proporcional diferido não impede posterior opção pela portabilidade ou resgate.

Parágrafo único. No caso de posterior opção pela portabilidade ou resgate, os recursos financeiros a serem portados ou resgatados serão aqueles apurados na forma e nas condições estabelecidas no plano de benefícios, nos termos dos Capítulos II e III desta Resolução.

As disposições deste Capítulo aplicam-se a todos os planos de benefícios, inclusive aos que já contemplam o benefício proporcional diferido, ainda que sob outra denominação, sendo obrigatória a adaptação dos seus regulamentos no prazo estabelecido no art. 32 desta Resolução.

§1º Aos participantes que tiverem optado pelo benefício proporcional diferido até a data de adaptação do regulamento aos dispositivos desta Resolução serão aplicadas as disposições regulamentares vigentes à época da opção.

§ 2º Adaptados os regulamentos dos planos às disposições deste Capítulo, as novas disposições regulamentares aplicam-se a todos os participantes que não tiverem optado pelo benefício proporcional diferido, facultando-se àqueles inscritos antes da adaptação a opção pelas regras anteriores.

Seção II

Da Opção pelo Benefício Proporcional Diferido e da sua Concessão

Art. 5º. Ao participante que não tenha preenchido os requisitos de elegibilidade ao benefício pleno é facultada a opção pelo benefício proporcional diferido na ocorrência simultânea das seguintes situações:

I — cessação do vínculo empregatício do participante com o patrocinador ou associativo com o instituidor;

II — cumprimento da carência de até três anos de vinculação do participante ao plano de benefícios.

Parágrafo único. A concessão do benefício pleno sob a forma antecipada, conforme previsto no regulamento do plano, impede a opção pelo benefício proporcional diferido.

Art. 6º. A opção pelo benefício proporcional diferido implicará, a partir da data do requerimento, a cessação das contribuições para o benefício pleno programado, observado o disposto nos parágrafos deste artigo.

§ 1º O regulamento do plano de benefícios deverá dispor sobre o custeio das despesas administrativas e de eventuais coberturas dos riscos de invalidez e morte do participante, oferecidas durante a fase de diferimento.

§ 2º O participante que optar pelas coberturas referidas no § 1º suportará os respectivos custeios.

§ 3º O regulamento do plano de benefícios poderá facultar o aporte, com destinação específica, de contribuições do participante que tenha optado pelo benefício proporcional diferido.

Art. 7º. O benefício decorrente da opção pelo instituto do benefício proporcional diferido será devido a partir da data em que o participante tornar-se-ia elegível ao benefício pleno, na forma do regulamento, caso mantivesse a sua inscrição no plano de benefícios na condição anterior à opção por este instituto.

Seção III

Da Apuração do Valor do Benefício Proporcional Diferido

Art. 8º. O benefício decorrente da opção pelo benefício proporcional diferido será atuarialmente equivalente à totalidade da reserva matemática do benefício pleno programado na data da opção, observado como mínimo o valor equivalente ao resgate, na forma definida no Capítulo III desta Resolução.

Parágrafo único. O regulamento e a nota técnica atuarial do plano de benefícios deverão dispor sobre a data de cálculo e a metodologia de apuração e atualização de valores, considerando eventuais insuficiências de cobertura e eventuais aportes de recursos ocorridos durante o período de diferimento.

CAPÍTULO II
DA PORTABILIDADE
Seção I
Das Disposições Gerais

Art. 9º. Entende-se por portabilidade o instituto que faculta ao participante transferir os recursos financeiros correspondentes ao seu direito acumulado para outro plano de benefícios de caráter previdenciário operado por entidade de previdência complementar ou sociedade seguradora autorizada a operar o referido plano.

Art. 10. A portabilidade é direito inalienável do participante, vedada sua cessão sob qualquer forma.

Parágrafo único. O direito à portabilidade será exercido na forma e condições estabelecidas pelo regulamento do plano de benefícios, em caráter irrevogável e irretratável.

Art. 11. Para efeito deste Capítulo, entende-se por:

I — plano de benefícios originário: aquele do qual serão portados os recursos financeiros que representam o direito acumulado;

II — plano de benefícios receptor: aquele para o qual serão portados os recursos financeiros que representam o direito acumulado.

Art. 12. Para os recursos portados de outro plano de previdência complementar, o plano de benefícios receptor deverá manter controle em separado, desvinculado do direito acumulado pelo participante neste plano de benefícios, na forma e condições definidas pelo órgão fiscalizador.

§ 1º Sem prejuízo do disposto no *caput* e observado o disposto no art. 21 desta Resolução, os recursos portados de outro plano de previdência complementar poderão ser utilizados para pagamento de aporte inicial previsto no regulamento e nota técnica atuarial do plano de benefícios receptor.

§ 2º Os recursos portados não utilizados na forma do § 1º deste artigo resultarão em benefício adicional, ou em melhoria de benefício, de acordo com as normas do regulamento, atendidos os mesmos requisitos de elegibilidade vigentes para os benefícios do plano receptor.

Art. 13. A portabilidade do direito acumulado pelo participante no plano de benefícios originário implica a portabilidade de eventuais recursos portados anteriormente e a cessação dos compromissos deste plano em relação ao participante e seus beneficiários.

Seção II

Dos Requisitos para a Opção pela Portabilidade

Art. 14. Ao participante que não tenha preenchido os requisitos de elegibilidade ao benefício pleno, é facultada a opção pela portabilidade na ocorrência simultânea das seguintes situações:

I — cessação do vínculo empregatício do participante com o patrocinador, nos planos instituídos por patrocinador;

II — cumprimento da carência de até três anos de vinculação do participante ao plano de benefícios.

§ 1º O disposto no inciso II deste artigo não se aplica para portabilidade, nos planos instituídos por patrocinador, de recursos portados de outro plano de previdência complementar.

§ 2º A concessão do benefício pleno sob a forma antecipada, conforme previsto no regulamento do plano, impede a opção pela portabilidade.

Seção III

Do Direito Acumulado para fins de Portabilidade

Art. 15. O direito acumulado pelo participante no plano de benefícios originário, para fins de portabilidade corresponde:

I — nos planos instituídos até 29 de maio de 2001, ao valor previsto no regulamento para o caso de desligamento do plano de benefícios, conforme nota técnica atuarial, observado como mínimo o valor equivalente ao resgate, na forma definida no Capítulo III desta Resolução;

II — nos planos instituídos a partir de 30 de maio de 2001:

a) em plano cuja modelagem de acumulação do recurso garantidor do benefício pleno programado seja de benefício definido, às reservas constituídas pelo participante ou reserva matemática, o que lhe for mais favorável, na forma regulamentada e conforme nota técnica atuarial do plano de benefícios, assegurado no mínimo o valor do resgate nos termos desta Resolução;

b) em plano cuja modelagem de acumulação do recurso garantidor do benefício pleno programado seja de contribuição definida, à reserva matemática constituída com base nas contribuições do participante e do patrocinador ou empregador.

§ 1º Em plano que, na fase de acumulação do recurso garantidor do benefício pleno programado, combine alternativamente características das alíneas "a" e "b" do inciso II deste artigo, a reserva matemática corresponderá ao maior valor que resultar da aplicação das regras previstas nas alíneas "a" e "b".

§ 2º Em plano que, na fase de acumulação do recurso garantidor do benefício pleno programado, combine cumulativamente características das alíneas "a" e "b" do inciso II deste artigo, a reserva matemática corresponderá à soma dos valores resultantes da aplicação isolada das regras previstas nas alíneas "a" e "b".

§ 3º Para fins de aplicação da alínea "a", do inciso II deste artigo, entende-se por reserva constituída pelo participante o valor acumulado das contribuições vertidas por ele ao plano, destinadas ao financiamento do benefício pleno programado, de acordo com o plano de custeio, ajustado conforme o regulamento do plano de benefícios.

§ 4º O regulamento do plano de benefícios poderá prever outros critérios para apuração do direito acumulado pelo participante que resultem em valor superior ao previsto neste artigo, sempre respeitando as especificidades do plano de benefícios.

§ 5º Os critérios e a metodologia de apuração do direito acumulado pelo participante, para fins de portabilidade, considerando eventuais insuficiências de cobertura do plano de benefícios, deverão constar do regulamento e da nota técnica atuarial do plano de benefícios.

Seção IV

Dos Recursos Financeiros

Art. 16. É vedado que os recursos financeiros transitem pelos participantes dos planos de benefícios, sob qualquer forma.

Art. 17. O regulamento do plano de benefícios deverá dispor sobre a data-base de apuração e a atualização do valor a ser portado, na forma definida pelo órgão fiscalizador.

Art. 18. A entidade fechada de previdência complementar, na forma definida pelo órgão fiscalizador, deverá observar as regras de transferência dos recursos financeiros, bem como outros procedimentos administrativos necessários à sua operacionalização.

CAPÍTULO III

DO RESGATE

Seção I

Das Disposições Gerais

Art. 19. Entende-se por resgate o instituto que faculta ao participante o recebimento de valor decorrente do seu desligamento do plano de benefícios.

Art. 20. O exercício do resgate implica a cessação dos compromissos do plano administrado pela entidade fechada de previdência complementar em relação ao participante e seus beneficiários.

Art. 21. É vedado o resgate de valores portados.

Seção II

Da Opção e Pagamento do Resgate

Art. 22. No caso de plano de benefícios instituído por patrocinador, o regulamento deverá condicionar o pagamento do resgate à cessação do vínculo empregatício.

Art. 23. No caso de plano de benefícios instituído por instituidor, o regulamento deverá prever prazo de carência para o pagamento do resgate, de seis meses a dois anos, contado a partir da data de inscrição no plano de benefícios.

Parágrafo único. Em relação às contribuições efetuadas pelo empregador, sem prejuízo do disposto no *caput*, poderão ser estabelecidas condições adicionais no instrumento contratual de que trata a Resolução MPS/CGPC n. 12, de 17 de setembro de 2002, com a redação dada pela Resolução MPS/CGPC n. 03, de 22 de maio de 2003, observadas as condições previstas no regulamento do plano de benefícios.

Art. 24. O resgate não será permitido caso o participante já tenha preenchido os requisitos de elegibilidade ao benefício pleno, inclusive sob a forma antecipada, de acordo com o regulamento do plano de benefícios.

Art. 25. O regulamento do plano de benefícios deverá prever o pagamento do resgate em quota única ou, por opção única e exclusiva do participante, o pagamento em até doze parcelas mensais e consecutivas.

§ 1º Quando do pagamento parcelado do resgate, o regulamento do plano de benefícios deverá estabelecer o critério de ajuste das parcelas vincendas.

§ 2º Ao resgate parcelado, aplica-se o disposto no art. 20 desta Resolução, à exceção do compromisso da entidade fechada de previdência complementar de pagar as parcelas vincendas do resgate.

Seção III

Do Valor do Resgate

Art. 26. O valor do resgate corresponde, no mínimo, à totalidade das contribuições vertidas ao plano de benefícios pelo participante, descontadas as parcelas do custeio administrativo que, na forma do regulamento e do plano de custeio, sejam de sua responsabilidade.

§ 1º Do valor previsto no *caput*, poderá ser deduzida a parcela destinada à cobertura dos benefícios de risco que, na forma do regulamento e do plano de custeio, seja de responsabilidade do participante.

§ 2º O regulamento do plano de benefícios deverá prever forma de atualização das contribuições referidas no *caput*.

CAPÍTULO IV

DO AUTOPATROCÍNIO

Seção I

Das Disposições Gerais

Art. 27. Entende-se por autopatrocínio a faculdade de o participante manter o valor de sua contribuição e a do patrocinador, no caso de perda parcial ou total da remuneração recebida, para assegurar a percepção dos benefícios nos níveis correspondentes àquela remuneração ou em outros definidos em normas regulamentares.

Parágrafo único. A cessação do vínculo empregatício com o patrocinador deverá ser entendida como uma das formas de perda total da remuneração recebida.

Seção II

Da Opção ao Autopatrocínio

Art. 28. O regulamento do plano de benefícios deverá prever prazo para opção pelo autopatrocínio.

Art. 29. A opção do participante pelo autopatrocínio não impede posterior opção pelo benefício proporcional diferido, portabilidade ou resgate, nos termos desta Resolução.

Art. 30. Observada a modalidade do plano de benefícios, as contribuições do participante que optar pelo autopatrocínio não poderão ser distintas daquelas previstas no plano de custeio, mediante a utilização de critérios uniformes e não discriminatórios.

Parágrafo único. As contribuições vertidas ao plano de benefícios, em decorrência do autopatrocínio, serão entendidas, em qualquer situação, como contribuições do participante.

CAPÍTULO V

DAS DISPOSIÇÕES TRANSITÓRIAS

Art. 31. O participante, que tenha optado até a data da publicação desta Resolução pelo autopatrocínio, uma vez comprovada a cessação do vínculo empregatício com o patrocinador, poderá suspender as contribuições ao plano de benefícios até que lhe seja permitida, na forma do regulamento do plano, manifestar sua opção pelo benefício proporcional diferido, portabilidade ou resgate, tendo por base a data da suspensão, nos termos desta Resolução.

Art. 32. Os regulamentos e notas técnicas atuariais de planos de benefícios deverão ser adaptados ao disposto na Lei Complementar n. 109, de 29 de maio de 2001 e nesta Resolução nos seguintes prazos:

I — até 29 de fevereiro de 2004 para planos cuja modelagem de acumulação do recurso garantidor do benefício pleno programado seja de contribuição definida, em relação às entidades fechadas de previdência complementar não regidas pela Lei Complementar n. 108, de 29 de maio de 2001;

II — até 30 de abril de 2004 para os demais planos.

CAPÍTULO VI

DAS DISPOSIÇÕES FINAIS

Art. 33. O participante que tenha cessado seu vínculo empregatício com o patrocinador ou associativo com o instituidor antes de ter preenchido os requisitos de elegibilidade ao benefício pleno, inclusive na forma antecipada, e que não tenha optado por nenhum dos institutos previstos nesta Resolução, nos respectivos prazos estabelecidos no regulamento do plano de benefícios, terá presumida a sua opção pelo benefício proporcional diferido, atendidas as demais condições previstas nesta Resolução e no regulamento do plano de benefícios.

Art. 34. O órgão fiscalizador fica autorizado a adotar medidas em casos excepcionais e editar instruções complementares necessárias à execução do disposto nesta Resolução.

Art. 35. Esta Resolução entra em vigor na data de sua publicação.

Art. 36. Revogam-se as Resoluções MPS/CGPC n. 9, de 27 de junho de 2002, e n. 13, de 2 de outubro de 2002.

Ricardo Berzoini

Nota do Autor — Respectivamente, os dois prazos do art. 32 da Resolução CGPC n. 6/03, foram prorrogados para 30.6.04 (CD) e 31.8.04 (BD), nos termos do art. 10, I/II, da Resolução CGPC n. 8/04.

OBRAS DO AUTOR

"O Empresário e a Previdência Social", LTr Edit., 1978.

"Rubricas Integrantes e Não-Integrantes do Salário-de-Contribuição", LTr Edit., 1978.

"Benefícios Previdenciários do Trabalhador Rural", LTr Edit., 1984.

"O Contribunte em Dobro e a Previdência Social", LTr Edit., 1984.

"O Trabalhador Rural e a Previdência Social", LTr Edit., 2ª ed., 1985.

"Legislação da Previdência Social Rural", LTr Edit., 2ª ed., 1986.

"O Salário-Base na Previdência Social", LTr Edit., 1986.

"Legislação da Previdência Social", LTr Edit., 5ª ed., 1988.

"Seguro-desemprego", LTr Edit., 2ª ed., 1991.

"Subsídios para um Modelo de Previdência Social", LTr Edit., 1992.

"A Seguridade Social na Constituição Federal", LTr Edit., 2ª ed., 1992.

"O Salário-de-Contribuição na Lei Básica da Previdência Social", LTr Edit., 1993.

"Propostas de Mudanças na Seguridade Social", LTr Edit., 1995.

"Legislação da Seguridade Social", LTr Edit., 7ª ed., 1996.

"Obrigações Previdenciárias na Construção Civil", LTr Edit., 1996.

"Novas Contribuições na Seguridade Social", LTr Edit., 1997.

"Direito dos Idosos", LTr Edit. 1997.

"O Salário-Base dos Contribuintes Individuais", LTr Edit., 1999.

"Reforma da Previdência Social", LTr Edit., 1999.

"Estatuto dos Servidores Públicos Civis da União", LTr Edit., 2ª ed., 2000.

"Obrigações Previdenciárias do Contribuinte Individual", LTr Edit., 2000.

"Aposentadoria Especial", LTr Edit., 3ª ed., 2000.

"Lei Básica da Previdência Social", LTr Edit., 6ª ed., 2000.

"Fator Previdenciário em 420 perguntas e respostas", LTr Edit., 2ª ed., 2001.

"Princípios de Direito Previdenciário", LTr Edit., 4ª ed., 2001.

"Os Crimes Previdenciários no Código Penal", LTr Edit., 2001.

"Pareceres Selecionados de Previdência Complementar", LTr Edit., 2001.

"Aposentadoria Especial em 520 perguntas e respostas", LTr Edit., 3ª ed., 2002.

"Prova de Tempo de Serviço", LTr Edit., 3ª ed., 2002.

"Seguro-Desemprego em 620 Perguntas e Respostas", LTr Edit. 3ª ed., 2002.

"Comentários à Lei Básica da Previdência Social", LTr Edit., Tomo I, 4ª ed., 2003.

"Comentários à Lei Básica da Previdência Social", LTr Edit., Tomo II, 6ª ed. 2003.

"Curso de Direito Previdenciário", LTr Edit., Tomo I, 2ª ed., 2001.

"Curso de Direito Previdenciário", LTr Edit., Tomo II, 2ª ed., 2003.

"Curso de Direito Previdenciário", LTr Edit., Tomo III, 1998.

"Comentários à Lei Básica da Previdência Complementar", LTr Edit., 2003.

"PPP na Aposentadoria Especial", LTr Edit., 2ª ed., 2003.

"Retenção Previdenciária do Contribuinte Individual", LTr Edit., 2003.

"Direito Adquirido na Previdência Social", LTr Edit., 2ª ed., 2003.

"Parecer Jurídico — como solicitá-lo e elaborá-lo", LTr Edit., 2003.

"Estatuto do Idoso", LTr Edit., no prelo.

"Aposentadoria Especial em 720 perguntas e respostas", LTr Edit., 4ª ed., no prelo.

Em co-autoria:

"Noções Atuais de Direito do Trabalho", LTr Edit., 1995.

"Contribuições Sociais — Questões Polêmicas", Edit. Dialética, 1995.

"Contribuições Sociais — Questões Atuais", Edit. Dialética, 1996.

"Manual dos Direitos do Trabalhador", Ed. do Autor, 3ª ed., 1996.

"Processo Administrativo Fiscal", Ed. Dialética, 2º vol., 1997.

"Legislação da Previdência Social", Rede Brasil, 1997.

"Processo Administrativo Fiscal", Ed. Dialética, 3º vol., 1998.

"Temas Atuais de Previdência Social" — Homenagem a Celso Barroso Leite, LTr Edit., 1998.

"Estudos de Direito" — Homenagem a Washington L. da Trindade, LTr Edit., 1998.

"Introdução ao Direito Previdenciário", LTr Edit.-ANNPREV, 1998.

"Dez Anos de Constituição", Celso Bastos Edit., 1998.

"Contribuição Previdenciária", Edit. Dialética, 1999.

Não jurídicos:

"Manual do Pseudo-Intelectual", Editora CEJA, 2001.

"O Tesouro da Ilha Jacaré", Editora APANOVA, 2002.

"Contando com o Vento", Editora APANOVA, 2003.